La ORTODOXIA *de la* IGLESIA

WATCHMAN NEE

Living Stream Ministry
Anaheim, California • www.lsm.org

Primera edición: marzo del 2005.

ISBN 978-0-7363-2847-0

Traducido del inglés
Título original: *The Orthodoxy of the Church*
(Spanish Translation)

Publicado por
Living Stream Ministry
2431 W. La Palma Ave., Anaheim, CA 92801 U.S.A.
P. O. Box 2121, Anaheim, CA 92814 U.S.A.

Impreso en los Estados Unidos de América

18 19 20 21 22 23 / 9 8 7 6 5 4 3

CONTENIDO

	Título	*Página*
	Prefacio	3
1	Introducción	9
2	La iglesia en Éfeso	19
3	La iglesia en Esmirna	25
4	La iglesia en Pérgamo	39
5	La iglesia en Tiatira	53
6	La iglesia en Sardis	63
7	La iglesia en Filadelfia	73
8	La iglesia en Laodicea	97
9	Conclusión	109

LA ORTODOXIA DE LA IGLESIA

PREFACIO A LA EDICIÓN EN EL IDIOMA INGLÉS

Jamás conocí a un siervo del Señor tan equilibrado como el hermano Watchman Nee. Él es rico en la vida divina y rico en conocimiento. Él conoce al Señor y lo ama, y también conoce la Biblia y la ama. Él posee un profundo conocimiento tanto de Cristo como de la iglesia. Él no solamente está consagrado a Cristo, sino también a la iglesia. Por tanto, su ministerio siempre fue un ministerio equilibrado que tomaba en cuenta tanto el aspecto espiritual como el aspecto práctico. Libros tales como *La vida cristiana normal; Sentaos, andad y estad firmes; ¿Qué haré Señor?; El hombre espiritual; El quebrantamiento del hombre exterior y la liberación del espíritu; Cantar de los cantares; No améis al mundo; El Dios de Abraham, de Isaac y de Jacob;* y *La iglesia gloriosa,* así como muchos otros que todavía no han sido traducidos al inglés, son libros que contienen mensajes que él impartió con respecto al aspecto espiritual. En cuanto al aspecto práctico, tenemos libros como *La vida de asamblea* (mensajes dados en 1934 y publicados en ese mismo año), *La vida cristiana normal de la iglesia* (mensajes dados en 1937 y publicados en 1938), *La ortodoxia de la iglesia* (mensajes dados en 1945 y publicados en ese mismo año), *Pláticas adicionales sobre la vida de la iglesia* (mensajes dados y publicados entre los años 1948 y 1951) y *Los asuntos de la iglesia* (mensajes dados en 1948 y publicados entre 1949 y 1950). Los mensajes que abordan el aspecto espiritual tratan principalmente de asuntos relacionados con la vida espiritual del creyente, mientras que los mensajes que abordan el aspecto práctico se concentran en la práctica de la vida de iglesia, o sea, en cómo poner en práctica la vida de iglesia. Obviamente, todo cuanto se relacione con nuestra vida espiritual como creyentes, es vital para nosotros; pero también es imprescindible llevar a la práctica la vida de iglesia. Muchos cristianos le dan mucha importancia a su vida espiritual, pero desatienden la vida de iglesia. Incluso hay algunos maestros cristianos que recalcan la espiritualidad de los creyentes, pero se oponen a que se ponga en práctica la vida de iglesia. Sin embargo, el hermano Nee logró el equilibrio apropiado entre ambos aspectos, pues él no solamente respondió al llamado a desarrollar una vida espiritual, sino que también asumió la responsabilidad de poner en práctica la vida de iglesia. Él poseía una clara visión de ambos aspectos, y supo ser fiel al Señor con respecto a la vida espiritual así como ser honesto con el pueblo de Dios en lo que respecta a la práctica de la vida de iglesia. Él sabía que aunque hayamos sido enriquecidos en lo que concierne a nuestra vida espiritual, si no ponemos en práctica debidamente la vida de iglesia, estaremos carentes en cuanto a cumplir el propósito de Dios. Por tanto, él recalca ambos aspectos. Quiera Dios que nosotros también logremos tal equilibrio y sepamos darle la debida importancia a ambos aspectos.

Los mensajes recopilados en la presente publicación fueron impartidos y publicados en 1945 en la ciudad de Chongqing. Son mensajes llenos de luz y revelación. Además de tratar muchos otros aspectos, en ellos se abordan dos temas principales: retornar a la ortodoxia de la iglesia y tomar el terreno de la localidad, que es el terreno único de auténtica unidad.

Algunos piensan que el terreno de la localidad es una enseñanza introducida por la Asamblea de los Hermanos y que nosotros simplemente la adoptamos. En realidad, los hermanos de la Asamblea de los Hermanos jamás se percataron del terreno de la localidad ni utilizaron alguna vez la expresión "el terreno de la unidad". De hecho, en el capítulo siete de la presente publicación, el propio hermano Nee afirma:

> Los hermanos no se percataron del terreno "local" de la iglesia ni de los límites de la iglesia ... [Ellos no se han] percatado de la unidad de todas y cada una de las iglesias locales en cada ciudad, tal como aparece en la Biblia.

Y reitera luego:

> La Asamblea de los Hermanos no le dio la debida importancia al hecho de que el terreno de la localidad

> determina los límites de la iglesia ... La facción "exclusiva" de la Asamblea de los Hermanos excede los límites que le fija la localidad, mientras que la facción "abierta" de la Asamblea de los Hermanos establece una iglesia cuyos límites son más reducidos que los de la localidad. Ellos olvidan que en la Biblia hay una sola iglesia en cada localidad.

Además, añade:

> La dificultad de la Asamblea de los Hermanos ... radicaba en que ellos no estaban lo suficientemente claros con respecto a la enseñanza bíblica acerca de la localidad ... Debido a que ellos no han comprendido la importancia de las enseñanzas en la Biblia con respecto a la localidad, ... el resultado ha sido la división.

Al respecto, el hermano Nee dijo muchas otras cosas más, que no citamos en este prefacio.

Nosotros no descubrimos el terreno de la localidad sino hasta el año 1937, y ello fue gracias al hermano Nee. Incluso en 1934, el hermano Nee apenas se había percatado de los límites propios de una iglesia local, los cuales son los límites de la localidad dentro de la cual se halla una iglesia local. Debido a la confusión que imperaba entre las diversas congregaciones de la Asamblea de los Hermanos (esto es, que en una misma ciudad había diversas congregaciones de la Asamblea de los Hermanos), el hermano Nee, al ser testigo en 1933 de esta situación, estudió el Nuevo Testamento una vez más con el fin de determinar cuáles eran los límites de la iglesia local (la asamblea local). Con el tiempo, llegó a descubrir que el Nuevo Testamento claramente revela que los límites fijados para una iglesia local son los límites de la localidad (la ciudad) que la aloja. Inmediatamente después de tal descubrimiento, el hermano Nee dio una serie de mensajes sobre dicho tema en enero de 1934 en la ciudad de Shanghai, los cuales fueron publicados en ese mismo año bajo el título *La vida de asamblea*. Por tanto, en sus mensajes y publicaciones siguientes, él comenzó a usar la expresión "los límites de la localidad", pero todavía no hablaba de "el terreno de la localidad".

Después, basado en la verdad respecto a los límites de la localidad, el hermano Nee vino a percatarse del terreno de la localidad. Puesto que los límites fijados para una iglesia local son los límites de la localidad que la aloja, así también el terreno de la iglesia deberá ser el terreno de la localidad sobre el cual una iglesia local es edificada. Éste es el terreno único que mantiene la auténtica unidad de la iglesia; cualquier otro terreno es causa de división. Después de que el hermano Nee vio esto, nuevamente convocó a los obreros a una conferencia en enero de 1937 en la ciudad de Shanghai, con el fin de comunicar a sus colaboradores esta clara visión con respecto al verdadero terreno de la iglesia local. Esta misma serie de mensajes fue dada a los colaboradores en la ciudad de Hankou, durante el otoño de aquel año, y fue publicada en 1938 bajo el título *La vida cristiana normal de la iglesia*. Por tanto, fue en 1937 que recibimos la revelación concerniente al terreno de la localidad y que la expresión "el terreno de la localidad" comenzó a ser usada por nosotros.

He hecho esta breve reseña histórica con el único fin de dejar en claro que el terreno de la localidad es un descubrimiento nuevo, otra de las verdades que el Señor ha recobrado en estos últimos tiempos por medio del hermano Nee, y no es algo que hubiese sido recobrado por la Asamblea de los Hermanos.

No es meramente la doctrina lo que nos importa, sino el recobro que el Señor efectúa y la manera de proceder que Él nos señala. Que la gracia del Señor nos actualice en lo que concierne a Su recobro. Quiera Él que veamos cuál es el verdadero terreno de la iglesia, que es el terreno de la localidad, el terreno único de la auténtica unidad, a fin de que pongamos en práctica la vida de iglesia en la debida manera. Quiera el Señor que recibamos la visión presentada en las siete epístolas que el Señor dirigió a Su iglesia y nos conceda oír lo que el Espíritu dice a las iglesias; todo ello con el fin de que no nos hallemos unidos a la Tiatira católica, ni permanezcamos en la Sardis protestante, ni tampoco caigamos en Laodicea, que denota a la actual Asamblea de los Hermanos, sino que, más bien, permanezcamos en la Filadelfia del amor fraternal, la cual es la iglesia que ha retornado a la ortodoxia de la iglesia apostólica. Nuestra necesidad urgente hoy en día es retornar a la ortodoxia que se estableció en el principio y permanecer firmemente basados en el terreno de la localidad. ¡Ya no queda mucho tiempo! ¡El Señor viene pronto! ¡Que el Señor nos encuentre siendo partícipes de la vida de iglesia y seamos preparados para recibirle en virtud de la misma! ¡Amén!

Witness Lee
Los Ángeles, California
Estados Unidos
5 de noviembre de 1969

Capítulo uno

INTRODUCCIÓN

Lectura bíblica: Ap. 1—3; 22:7, 18-19

Los escritos del apóstol Juan, ya sean sus epístolas o su evangelio, fueron los últimos en escribirse dentro de sus respectivas categorías. Apocalipsis, por supuesto, es el libro de la Biblia que se escribió al último. Los Evangelios de Mateo, Marcos y Lucas fueron escritos a fin de relatarnos la conducta del Señor Jesús cuando estuvo aquí en la tierra, mientras que el Evangelio de Juan nos habla de Aquel "que descendió del cielo; el Hijo del Hombre, que está en el cielo" (3:13). Juan escribió durante los tiempos en que los gnósticos tergiversaban la Palabra de Dios; por ello, en sus escritos, Juan lleva a los hombres a los cielos para que contemplen los hechos eternos y celestiales, los hechos consumados por Dios. Así pues, Juan nos saca del ámbito humano a fin de que recibamos plenamente al Hijo de Dios. La característica especial de los escritos de Juan es que ellos nos conducen de retorno a los orígenes. El Evangelio de Juan nos habla de Cristo, quien era en el principio; las Epístolas de Juan nos hablan del Verbo de vida, el cual era desde el principio; y Apocalipsis, al hablarnos del futuro, nos traslada a la eternidad. El Evangelio de Juan nos muestra quién era el Hijo de Dios que se encarnó: Él estaba en medio nuestro, pero los hombres no le conocieron, pensando que Él era únicamente Jesús de Nazaret. Por ello, Juan nos muestra que este Jesús encarnado estaba allí en el principio. Éste es el hecho, la realidad, subyacente a la escena visible. En sus epístolas, Juan hace esto mismo. En ellas vemos que Jesús, en cuanto a Su persona, es el Hijo de Dios, y, en cuanto a Su oficio o comisión, es el Cristo; pero los hombres no le conocieron como Hijo de Dios ni como Cristo. Así que las Epístolas de Juan nos hablan específicamente de estos dos aspectos, llevándonos a considerar nuevamente los hechos que estaban allí en el principio y que constituyen la realidad subyacente a la escena visible. En los tiempos en que Juan escribió Apocalipsis, la confusión imperaba en el mundo y el César de Roma era uno de los peores que hubo. Así que Juan hace que volvamos nuestra atención al verdadero estado de cosas que se esconde detrás del escenario de los eventos futuros, a fin de darnos a conocer cómo es que Dios evalúa el estado actual del mundo. Sin embargo, Apocalipsis no sólo revela la verdadera condición en la que se encuentra este mundo, sino también la condición en la que se encuentra la iglesia. Apocalipsis también nos muestra qué es lo que complace al Señor, qué es lo que Él condena y cuál es la senda que Él ha fijado para la iglesia, en tiempos en los que el aspecto externo de la iglesia denota extrema confusión. A lo largo de la historia, la iglesia, en lo que concierne a su aspecto externo, se ha manifestado de diversas formas; pero, ¿qué es lo que el Señor desea con respecto al camino que la iglesia debe seguir y la condición que ella debe manifestar? Es este deseo divino, que está detrás de lo visible, el que Juan nos muestra.

En la Biblia se nos presentan dos grupos de siete epístolas. Dios usó a Pablo para redactar el primer grupo —Romanos, 1 y 2 Corintios, Gálatas, Efesios, Filipenses, Colosenses y 1 y 2 Tesalonicenses—, y usó a Juan para escribir el segundo grupo. Aquel primer grupo de siete epístolas nos habla de la iglesia en tiempos de normalidad, mientras que este segundo grupo de epístolas nos habla de las iglesias en tiempos de anormalidad. Lo que se narra en los tres evangelios de Mateo, Marcos y Lucas refleja una situación normal al conducir a los hombres al conocimiento de Dios. Sin embargo, el Evangelio de Juan expresa la reacción de Dios a la confusión del hombre, por lo cual dicho evangelio hace frecuentes referencias a la verdad y la gracia. Las Epístolas de Juan también constituyen la reacción de Dios a los tiempos de anormalidad, y a ello se debe que con tanta frecuencia se haga referencia en ellas a la luz y al amor. En Apocalipsis 2 y 3 vemos las medidas que Dios toma con respecto a la condición anormal de las iglesias. Las primeras siete epístolas, escritas por Pablo, hacen referencia al comportamiento normal de la iglesia. Pero después, la iglesia dejó de ser normal y, por tanto, se hizo necesario que Juan escribiera las últimas siete epístolas que aparecen en Apocalipsis. Las primeras siete epístolas contienen la verdad que la iglesia debe conocer, mientras que las últimas siete epístolas nos muestran el camino que la iglesia debe tomar. Hoy en día, si una persona verdaderamente desea tomar el camino señalado por el Señor, tiene que leer Apocalipsis 2 y 3. Actualmente la iglesia enfrenta una serie de problemas; por tanto, Apocalipsis nos dice qué hacer al respecto. Hoy en día, si usted no escudriña cuál es el camino revelado en Apocalipsis, no sé cómo podrá ser un cristiano apropiado.

Además, las primeras siete epístolas fueron escritas antes de la hora final, mientras que las últimas siete fueron redactadas ya sea durante la última hora o después de ésta. En 1 Juan 2:18 se nos habla de otro tiempo, al que se le llama *la última hora*: “Niños, ya es la última hora; y según vosotros oísteis que el anticristo viene, así ahora se han presentado muchos anticristos; por esto conocemos que es la última hora”. Si los cristianos solamente reciben la luz que emana de las primeras epístolas, ellos no conocerán la voluntad de Dios para la última hora.

En la Biblia podemos distinguir tres personas que tuvieron ministerios destacados: Pedro, Juan y Pablo. La Segunda Epístola de Pedro es la última escrita por Pedro, y en ella él trata el tema de la apostasía. La Segunda Epístola a Timoteo fue la última escrita por Pablo, y en el versículo 2 del segundo capítulo dice: “Lo que has oído de mí mediante muchos testigos, esto confía a hombres fieles que sean idóneos para enseñar también a otros”. En 1 Timoteo 3:15 se afirma que la iglesia es la casa de Dios, columna y fundamento de la verdad; pero, en 2 Timoteo 2:20 Pablo dice: “Pero en una casa grande, no solamente hay vasos de oro y de plata, sino también de madera y de barro; y unos son para honra, y otros para deshonra”. Según los dos siguientes versículos, el problema estriba en si uno se limpiará de los vasos para deshonra a fin de ir en pos de la justicia, la fe, el amor y la paz con los que de corazón puro invocan al Señor (vs. 21-22). Las Epístolas de Juan fueron escritas por Juan como sus libros finales. En ellos, Juan dice que se han presentado muchos anticristos y que nosotros debemos guardar la palabra de Dios (1 Jn. 2:18, 24; 4:3). Siento que es necesario dejar esto bien en claro. En términos generales, el tiempo que transcurre desde los inicios de la iglesia hasta nuestros días constituye una sola era: la era de la iglesia. Pero éste no es un asunto tan sencillo. Debemos separar lo normal de lo anormal. En nuestros días, el aspecto externo de la iglesia es desolador: si no hemos visto este hecho, no hay necesidad de que leamos Apocalipsis. Las primeras siete epístolas (las escritas por Pablo) se ocupan de lo que es normal; pero ahora, la situación en la que nos encontramos es anormal. Entonces, ¿qué debemos hacer?

Ciertamente la confusión que impera en la tierra no afecta las realidades espirituales. La realidad espiritual de Dios se mantiene inalterable. Pero el aspecto externo de la iglesia es, por decir lo menos, confuso. La Iglesia Católica Romana afirma que ella es el Cuerpo de Cristo. Según un sondeo del protestantismo hecho en 1914, existen más de mil quinientas denominaciones formalmente establecidas, excluyendo a diversos grupos aislados, todas las cuales afirman ser el Cuerpo de Cristo. Antes que Juan, Pablo y Pedro fallecieran, esta confusión ya había empezado. Pablo le escribió a Timoteo diciéndole: "Me han vuelto la espalda todos los que están en Asia" (2 Ti. 1:15). Hasta Éfeso se halla incluido en este grupo. En tales circunstancias, los hijos de Dios tienen que indagar una sola cosa, a saber: ¿cómo debemos seguir al Señor y servirle? ¿Qué debemos hacer? Cuando el aspecto externo de la iglesia es desolador, tenemos que preguntarnos: "¿Qué debemos hacer?". Apocalipsis 2 y 3 nos muestran el camino que debemos seguir. Si verdaderamente somos personas que indagan en presencia de Dios, Apocalipsis 2 y 3 nos dirán qué debemos hacer.

Lo primero que tenemos que saber al leer Apocalipsis es qué clase de libro es éste. Todos sabemos que Apocalipsis es un libro de profecías, pero si preguntáramos si las siete iglesias que se mencionan en él son proféticas, la mayoría no se atrevería a afirmarlo. Desde el capítulo uno hasta el capítulo veintidós de Apocalipsis podemos ver que la característica distintiva de Apocalipsis es que éste es un libro de índole profética. No solamente los siete sellos, las siete trompetas y las siete copas son proféticas, sino que también las siete epístolas son proféticas. Este libro es un libro de profecía. Por ello es que nadie debe atreverse a añadirle algo, ni tampoco es permitido quitarle nada. Puesto que se trata de un libro de profecía, tenemos que tratarlo como tal y procurar descubrir el correspondiente cumplimiento de tal profecía. Debemos percatarnos de que, en primer lugar, el libro de Apocalipsis es de carácter profético; y, en segundo lugar, puesto que es un libro de profecía, debemos saber que dicha profecía habrá de cumplirse. Ciertamente en aquellos tiempos había más de siete iglesias en Asia. ¿Por qué entonces Juan se refirió únicamente a estas siete iglesias? Cuando Juan estaba en la isla de Patmos, él sólo vio en visión estas siete iglesias, pues ellas representan a todas las demás iglesias. Dios eligió siete iglesias con ciertas características similares e hizo que Su profecía se basara en ellas.

Aquí en la tierra hay siete iglesias; en los cielos hay solamente siete candeleros. Mas he aquí un problema: siempre que hay una iglesia en la tierra, hay un candelero en los cielos. Lo extraño es que Juan sólo vio siete candeleros en los cielos. ¿Acaso hay únicamente siete iglesias aquí en la tierra? Tal parece que ha sido eliminada la iglesia en Chongqing y que también ha sido eliminada la iglesia en Nankín. ¿Qué debiéramos hacer? Al considerar esto, debemos recordar que estamos hablando de una profecía. Puesto que se trata de una profecía, sólo fueron seleccionadas siete iglesias. Estas siete iglesias son representativas de todas las demás iglesias; no hay una octava iglesia que necesite ser representada. Ciertamente hay más de siete iglesias aquí en la tierra, pero estas siete fueron seleccionadas por ser representativas de todas las demás. La razón por la cual sólo hay siete candeleros en los cielos es que la historia de las siete iglesias, en conjunto, constituye la historia completa de la iglesia.

Debemos dar especial importancia a las siguientes palabras halladas en Apocalipsis 1: "Bienaventurado el que lee, y los que oyen las palabras de esta profecía, y guardan las cosas en ella escritas" (v. 3). Apocalipsis 22:7 también dice: "Bienaventurado el que guarda las palabras de la profecía de este libro". Podríamos afirmar que esta profecía es los mandamientos de Dios. Si bien externamente este libro está revestido de profecía, internamente su contenido es los mandamientos de Dios. Por tanto, este libro debe ser puesto en práctica, y no solamente estudiado. Aquí, la profecía difiere de otras profecías, pues dicha profecía es dada para que el hombre la cumpla. Tanto Juan como nosotros estamos regidos por un mismo principio, esto es, que la profecía fue dada para ser cumplida por nosotros, para ser cumplida de principio a fin. Aquellos que no estén dispuestos a cumplir esta profecía, ¿cómo podrían entender el libro de Apocalipsis? Y ¿cómo podrían ellos comprender lo que las siete iglesias representan?

Al leer Apocalipsis 2 y 3, no sólo basta con comprender que ésta es una profecía que deberá ser cumplida por nosotros, sino también debemos comprender que el Señor es el Señor que ejecuta el juicio. La primera mitad de Apocalipsis 1 constituye el prefacio a todo el libro de Apocalipsis, mientras que la segunda mitad es el prefacio a los capítulos dos y tres de este libro. Estos dos capítulos comienzan con la revelación del Señor Jesús. En Apocalipsis 1:13 vemos al Señor "vestido de una ropa que llegaba hasta los pies". Los sacerdotes se vestían con largas vestiduras; aquí el Señor es el Sumo Sacerdote. El candelero está en el Lugar Santo, y su luz jamás se extinguirá. El candelero brilla día y noche; por ende, el sacerdote debe estar continuamente en el Lugar Santo, recortando los pabilos que humean y añadiéndole aceite al candelero. El Señor Jesús es el Sumo Sacerdote que anda en medio de las iglesias para ver cuáles lámparas están encendidas y cuáles no. Recortar los pabilos humeantes representa el juicio divino, pues el juicio comienza por la casa de Dios. Cristo anda en medio de las iglesias ejecutando el juicio, y este juicio divino que corresponde a nuestros días es visto desde la eternidad.

Juan era el apóstol que disfrutaba de mayor intimidad con el Señor; sabemos esto porque se recostaba en el pecho del Señor (Jn. 21:20, 24). El Hijo está en el seno del Padre, y Juan estaba en el regazo del Hijo. Pero después Juan, al ver al

Señor, cayó a Sus pies como muerto, pues Él es el Juez. Antes de esto, veíamos al Señor como el Señor de la gracia; pero ahora, le vemos como el Señor que juzga. Sin embargo, aquí el juicio es el juicio que ejecuta un sacerdote, pues ello implica recortar el pabilo humeante. Aquel día será completamente dedicado al juicio de Dios. Todos y cada uno de los hijos de Dios deberán en aquel día conocer al Señor que es aterrador y santo; entonces, dejarán de argüir. La luz elimina todo argumento: la luz no sólo ilumina, sino que también aniquila. Siempre que la Biblia ilumina, su luz también aniquila la vida natural del hombre. Quizás los hombres tengan una serie de argumentos y razones, pero en presencia del Señor, todo ello desaparece. Todos los hombres caerán como muertos, tal como sucedió con Juan. Cuanto más lejana del Señor esté una persona, mayor será su confianza en sí misma, pero le será imposible ser portadora de la luz de Dios. Todos nosotros debemos ser disciplinados por Dios al respecto, por lo menos una vez.

La primera parte de cada epístola nos revela quién es el Señor, y lo que se dice a continuación está basado en tal revelación del Señor. Aquel que no conozca al Señor, no conocerá a la iglesia. La iglesia es la continuación de la cruz; no es posible conocer la cruz y, a la vez, desconocer todo lo que ella abarca.

Estas siete epístolas empiezan hablando del Señor y terminan con un llamamiento a los vencedores. ¿Quiénes son los vencedores? ¿Qué son los vencedores? ¿Se trata de personas especiales que se elevan por encima de la gente ordinaria? Según la Biblia, los vencedores son personas normales, individuos comunes y corrientes. Aquellos que no son anormales en tiempos anormales, ellos son los vencedores. La mayoría de las personas no alcanza esta norma. Los vencedores no están por encima de esta norma, sino que se conforman a dicha norma. Así pues, en la actualidad, Dios hace un llamamiento a los vencedores para que ellos tomen la determinación de andar en conformidad con la norma establecida desde el comienzo. La voluntad de Dios jamás cambia; es como una línea recta. Hoy en día los hombres caen, fracasan y de continuo van cuesta abajo; pero los vencedores son recobrados nuevamente a la voluntad de Dios.

Aquí vemos dos asuntos más: primero, que la iglesia es el candelero de oro, y el Señor anda en medio de los candeleros; segundo, que el Señor sostiene a las siete estrellas en Su diestra, las cuales son los mensajeros de las siete iglesias.

Cada una de las diversas clases de metales que se mencionan en la Biblia tiene un significado especial: el hierro tipifica el poder político, el bronce tipifica el juicio, la plata tipifica la redención y el oro tipifica la gloria de Dios. La gloria de Dios es algo que nadie conoce ni comprende. Si bien es difícil comprender la santidad de Dios, todavía es posible comprenderla. Asimismo, la justicia de Dios es también un concepto que podemos entender. Pero la gloria de Dios jamás ha sido entendida, pues se trata de una característica única de Dios. La iglesia está hecha de oro. Quienes componen la iglesia han nacido de Dios, los cuales no son engendrados de sangre, ni de voluntad de carne ni de voluntad de varón. Así pues, la iglesia no tiene nada que ver con los hombres. Hay quienes se preguntan en qué consiste la obra de madera, heno y hojarasca. Madera, heno y hojarasca son las obras de la carne. La obra de oro, plata y piedras preciosas es todo aquello que procede íntegramente de Dios.

Estas siete epístolas fueron escritas a los ángeles de las siete iglesias, a diferencia del primer grupo de siete epístolas escritas por Pablo. Pablo escribió a las iglesias, si bien vemos que allí estaban los santos en general, los ancianos y los diáconos, especialmente según la Epístola a los Filipenses. Pero las Epístolas de Juan fueron dirigidas a los ángeles de las siete iglesias, no fueron dirigidas directamente a las iglesias. Sin embargo, lo que en ellas se afirma es lo que el Espíritu Santo dice a las iglesias. Las siete estrellas son los ángeles de las siete iglesias. En el griego original, la palabra que se traduce ángel es *ággelos;* este término hace referencia a un mensajero. Son muchos los que, habiendo leído Apocalipsis 2 y 3, han intentado encontrar ciertas similitudes entre estas últimas siete epístolas y el primer grupo de siete epístolas, con lo cual han infiltrado toda clase de explicaciones erróneas con respecto a los mensajeros. ¿Quién es este mensajero? El mensajero del cual se habla aquí es singular en número; las epístolas fueron escritas a un mensajero. Sin embargo, este mensajero singular es una entidad de naturaleza colectiva; por eso, al final de cada epístola, el llamamiento está dirigido a los vencedores en plural. Así pues, este mensajero es un mensajero corporativo, el cual representa a una minoría dentro de la iglesia en su totalidad. En esta coyuntura, vemos que ha variado la manera en que Dios procede: antes, era toda la iglesia la que estaba en presencia del Señor, pero ahora, este mensajero es quien está ante el Señor. La luz de la lámpara es inferior a la luz de la estrella. El Señor ha elegido la inextinguible luz de las estrellas y la ha nombrado Su mensajero. Dicha estrella está en las manos del Señor. Hoy en día, hay un grupo de personas que, a los ojos del Señor, constituye aquel mensajero; por tanto, la naturaleza de la iglesia les ha sido confiada. Cuando la iglesia, en lo concerniente a su manifestación externa, se halla en conflicto con el Señor, entonces Él se dirige a un grupo de personas, a un mensajero corporativo, que sea apto para representar a la iglesia. Anteriormente, los representantes de la iglesia eran los ancianos, que tenían una determinada posición y oficio; pero ahora, la responsabilidad de representar a la iglesia le ha sido confiada al mensajero espiritual. Este mensajero no es necesariamente el cuerpo de ancianos o diáconos. Hoy en día, Dios confía tal responsabilidad a todo aquel que pueda representar a la iglesia. Aquellos que son aptos para representar a la iglesia tienen esta responsabilidad, la cual les ha sido encomendada por Dios. Así pues, hoy en día, no es cuestión de tener una determinada posición u oficio, sino de poseer verdadera autoridad espiritual delante de Dios: a tales personas Dios les confía la responsabilidad de representar a la iglesia.

Apocalipsis va dirigido a los *esclavos* de Dios. Por tanto, a menos que usted sea un esclavo, no podrá comprender este libro. Aquel que no haya sido comprado con la sangre de Cristo ni constreñido por el amor de Dios a fin de ser un esclavo, no podrá entender Apocalipsis.

Juan escribió Apocalipsis el año 95 o 96 d. C., cuando Domiciano era el César en Roma. De los doce apóstoles, Juan fue el último en morir; por tanto, la iglesia de los apóstoles llegó a su fin con Juan. Cuando Juan escribió Apocalipsis, las siete epístolas eran epístolas proféticas. Hoy en día, cuando leemos las siete epístolas, nosotros también tenemos que considerarlas como profecía. Sin embargo, al considerarlas en nuestros días, estas epístolas ya se han convertido en historia. Juan miraba hacia delante, mientras que nosotros miramos atrás.

Ahora, procederemos a examinar, una por una, las siete iglesias mencionadas en las siete epístolas.

Capítulo dos

LA IGLESIA EN ÉFESO

Lectura bíblica: Ap. 2:1-7

La iglesia en Éfeso, en su carácter profético, se refiere a la condición en la que se encontraba la iglesia durante su primera etapa después de los apóstoles. La era estrictamente apostólica se extendió hasta el año 96 d. C.; después de dicha fecha, la era apostólica llegó a su fin, y muchos errores comenzaron a infiltrarse en la iglesia. Puesto que Apocalipsis es un libro profético, los nombres que utiliza para designar a las iglesias también son proféticos. Éfeso, en griego, significa "deseable". La iglesia que continuó existiendo después de la iglesia apostólica, seguía siendo deseable.

"Yo conozco tus obras, y tus trabajos y perseverancia" (Ap. 2:2a). El posesivo que aquí se traduce "tus" denota un sujeto singular tanto en el capítulo dos como en el capítulo tres de Apocalipsis. Entre todas las siete iglesias, cinco fueron reprendidas, una de ellas no fue reprendida pero tampoco recibió elogio, y sólo una fue elogiada sin recibir reprensión alguna. Éfeso es una de las iglesias que fue reprendida; sin embargo, el Señor primero habló al mensajero de Éfeso sobre la realidad espiritual de esta iglesia. Hay quienes piensan que el Señor, antes de reprender a alguien, se esfuerza por decir algo bueno acerca de esa persona para que ella no se sienta tan mal al ser reprendida, como si el Señor procurase actuar diplomáticamente. Pero esto no es cierto en lo que respecta al Señor; más bien, el Señor hace notar la realidad espiritual que manifestaba dicha iglesia. Hay algo que se llama *realidad espiritual*, y ésta existe independientemente de cuál sea la condición que se manifieste externamente. Si bien a los hombres les parecía que los israelitas no valían

mucho, Dios dijo por medio de Balaam que Él no había notado iniquidad en Jacob (Nm. 23:21). No es que Dios no vea; más bien, Él ve pero no encuentra nada errado. No es que los ojos de Dios puedan ver mejor que los nuestros, sino que Dios ve la realidad espiritual.

Es fácil darse cuenta de que la iglesia, en nuestros días, se encuentra en una condición de absoluta desolación. A veces, tal vez nos parezca que cierto hermano o hermana simplemente se encuentra en una situación lamentable. Pero si los hijos de Dios son iluminados por el Señor, ellos verán que todas sus flaquezas y fracasos son mentiras; es decir, si la realidad espiritual es verdad, entonces esas flaquezas y fracasos son mentiras. Fíjense, por ejemplo, en aquel niño que sale corriendo a la calle y regresa cubierto de lodo. Aunque él está sucio al entrar a su casa, yo les digo que él es un niño limpio y hermoso. Si bien es cierto que su cuerpo está cubierto de lodo, éste no forma parte de su persona. Una vez que el niño se lave, él estará limpio nuevamente. Así pues, todo hijo de Dios tiene que comprender que incluso antes de ser lavado, él es bueno. La suciedad es una mentira; la realidad es que él es bueno. Actualmente, la iglesia *no se ve* tan gloriosa como Dios dice que ella es, pero hoy la iglesia *es* gloriosa. Si ustedes poseen discernimiento espiritual, aun cuando la iglesia no se haya lavado de sus inmundicias, podrán ver que ella es buena. Por este motivo, ustedes también podrán agradecer a Dios continuamente por la iglesia. En la actualidad, la iglesia es gloriosa y no tiene mancha ni arruga ni cosa semejante (Ef. 5:25-27). Si no tiene mancha, ello significa que en ella no se halló pecado; y si no tiene arrugas, ello da a entender que no envejeció sino que siempre mantuvo su novedad y frescura delante del Señor. Dios afirma que la iglesia en Éfeso es buena; de hecho, es su realidad espiritual la que es buena.

"Y has probado a los que se dicen ser apóstoles, y no lo son, y los has hallado mentirosos" (Ap. 2:2b). El Señor hizo mención de poner a prueba a los apóstoles, lo cual nos demuestra que después de la era apostólica aún había apóstoles en la iglesia. Si solamente hubiera doce apóstoles, entonces sólo cabría preguntarse si la persona que se dice ser apóstol era Juan. Si no era Juan, entonces él no sería un apóstol, pues

para aquel tiempo los otros once apóstoles habían fallecido y solamente Juan quedaba vivo. El hecho de que fuese necesario poner a prueba a los apóstoles demuestra que seguía habiendo más apóstoles, además de los doce.

"Pero tengo contra ti que has dejado tu primer amor" (v. 4). En el griego, la palabra que se tradujo "primer" es *proten.* Esta palabra no solamente hace referencia a primacía en cuanto al tiempo, sino también en cuanto a la naturaleza misma de dicho amor. En Lucas 15, el padre le dio el mejor vestido al hijo pródigo; allí, la palabra griega que se tradujo "el mejor", es también *proten.*

"Pues si no, vendré a ti, y quitaré tu candelero de su lugar, si no te has arrepentido" (v. 5b). Las iglesias mencionadas en Apocalipsis 2 y 3 no solamente son iglesias que forman parte de una profecía, sino que también eran iglesias concretas que existieron en siete localidades en Asia. Debe llamarnos la atención el hecho de que, según la historia, por más de mil años no ha habido iglesia en Éfeso. El candelero fue quitado; incluso su manifestación externa fue quitada. Ahora hay iglesias en Corinto, en Roma y en otros lugares, pero ninguna en Éfeso. Debido a que ella no se arrepintió, el candelero fue quitado de su lugar.

"Pero tienes esto, que aborreces las obras de los nicolaítas, las cuales Yo también aborrezco" (v. 6). Los nicolaítas no son un grupo que pueda ser hallado en la historia de la iglesia. Puesto que Apocalipsis es un libro de profecía, tenemos que investigar el significado de la palabra nicolaíta. Esta palabra en griego se compone de dos vocablos: *nikaö* significa "conquistar" o "estar por encima de otros", y *laos* significa "la gente común", "los seglares" o "los laicos". Así pues, el vocablo nicolaíta significa "los que conquistan a la gente común", "los que están por encima de los laicos". Por ende, la designación *nicolaítas* hace referencia a un grupo de personas que se estima superior al resto de los creyentes. El Señor está en un nivel superior; los creyentes están por debajo de Él. Los nicolaítas están por debajo del Señor, pero están por encima del resto de los creyentes. El Señor aborrece tal comportamiento, propio de los nicolaítas. Dicha conducta, que consiste en ponerse por encima de los creyentes comunes y constituir una

clase mediadora, es aborrecida por el Señor; es algo abominable. Aun así, esto solamente era una manera de conducirse y no se había convertido en una enseñanza todavía.

En el Nuevo Testamento encontramos un principio fundamental: todos los hijos de Dios son sacerdotes de Dios. En Éxodo 19:5-6, Dios llamó al pueblo de Israel diciéndole: "Ahora, pues, si diereis oído a mi voz, y guardareis mi pacto, vosotros seréis mi especial tesoro sobre todos los pueblos; porque mía es toda la tierra. Y vosotros me seréis un reino de sacerdotes, y una nación santa". En el principio, Dios había dispuesto que la nación estuviese formada sólo por sacerdotes, pero poco después ocurrió el incidente en que el pueblo adoró al becerro de oro. Así pues, Moisés quebró las tablas de la ley y dijo: "¿Quién está por Jehová? Júntese conmigo ... Y matad cada uno a su hermano" (32:26-27). Entonces, fueron los levitas quienes se pusieron del lado del Señor y, como resultado, tres mil israelitas fueron muertos en aquel día (v. 28). A partir de entonces, únicamente los levitas podían ejercer el sacerdocio; el reino de sacerdotes se redujo a una sola tribu de sacerdotes. El resto del pueblo de Israel no podía ejercer el sacerdocio y dependía de los levitas para que ejercieran el sacerdocio en lugar de ellos. La clase sacerdotal en el Antiguo Testamento era una clase mediadora. Sin embargo, en el Nuevo Testamento, Pedro dijo: "Mas vosotros sois un linaje escogido, real sacerdocio, nación santa, pueblo adquirido para posesión de Dios" (1 P. 2:9). Así pues, todos nosotros, la iglesia en su totalidad, somos sacerdotes; esto nos lleva de retorno a la condición que imperaba en el principio. Apocalipsis 1:5-6 dice que todos aquellos que han sido lavados por la sangre de Cristo han sido constituidos sacerdotes. Puesto que los sacerdotes son los que se encargan de los asuntos de Dios, esto quiere decir que los asuntos divinos han sido encomendados a todos los creyentes. Por tanto, no debe existir una clase mediadora en la iglesia. La iglesia sólo tiene un Sumo Sacerdote: el Señor Jesús.

Antes de que se produjera un cambio en la iglesia, todos los creyentes estaban a cargo de los asuntos del Señor. Pero, después de los tiempos en que vivieron los primeros apóstoles, esto comenzó a cambiar: las personas comenzaron a perder interés en servir al Señor. Cuando surgió la Iglesia Católica Romana (en los tiempos de Pérgamo), eran muy pocos los que verdaderamente eran salvos, pero eran muchos los que se habían bautizado; por ende, los incrédulos comenzaron a invadir la iglesia. Entonces, surgió "el clero". Puesto que en la iglesia había muchos miembros que no eran personas espirituales, ¿qué se podía hacer? Pedirle a esos miembros que dejaran los libros de contabilidad para dedicarse a estudiar la Biblia y predicar, no habría sido lo más conveniente; así que se buscó un grupo de personas que se hiciese cargo de los asuntos espirituales mientras que los demás podían dedicarse al trabajo secular. Por tanto, es así como surgió, en contra del deseo de Dios, "el clero". Dios desea que todos los que realizan un trabajo secular se encarguen también de los asuntos espirituales.

En la Iglesia Católica Romana, la distribución del pan, la imposición de las manos, los bautismos, etc. son llevados a cabo por los sacerdotes católicos; incluso las bodas y los funerales tienen que ser realizados por el "clero". En la iglesia protestante hay pastores. Si uno está enfermo, llama a su médico; para un litigio, llama a su abogado; y para asuntos espirituales, llama a su pastor. ¿Y qué acerca de nosotros? Los creyentes en general podemos dedicarnos a las labores seculares sin que nada nos distraiga. Sin embargo, recordemos que, en el taoísmo, los sacerdotes cantan las liturgias para el pueblo; y en el judaísmo, los sacerdotes administran los asuntos divinos en beneficio de los hombres. Pero en la iglesia no debe existir una clase mediadora, pues todos somos sacerdotes.

Es por este motivo que, en estos últimos veinte años, hemos estado clamando por el "sacerdocio universal". Abel podía ofrecer sacrificios, al igual que Noé. En el principio, el pueblo de Israel en su totalidad podía ofrecer sacrificios; pero, después, debido a que el pueblo adoró al becerro de oro, a ellos no se les permitió ofrecer sacrificios por sí mismos. Dios afirma que todos y cada uno de los creyentes puede acudir directa y personalmente a Dios; sin embargo, en nuestros días, subsiste una clase mediadora en la iglesia. En la actualidad, hay nicolaítas en la iglesia; por tanto, el cristianismo se ha convertido en judaísmo.

El Señor se complace en aquellos que rechazan la clase mediadora. Si usted ha sido lavado de sus pecados con la sangre de Cristo, entonces los asuntos espirituales le incumben directamente a usted. La iglesia no puede adoptar un terreno diferente, de lo contrario, se convierte en judaísmo. Por tanto, no solamente luchamos en contra de las divisiones, sino que también luchamos por conservar el privilegio que nos confiere la sangre de Cristo. Actualmente, existen tres principales categorías de iglesias en el mundo: las iglesias que abarcan el ámbito mundial, como la Iglesia Católica Romana; las iglesias que abarcan el ámbito nacional, como la Iglesia Anglicana y la Iglesia Luterana; y las iglesias independientes, como la Iglesia Metodista, la Iglesia Presbiteriana, etc. En la Iglesia Católica Romana encontramos el sistema sacerdotal (católico), en la Iglesia Anglicana se halla el sistema clerical, y en las iglesias independientes existe el sistema pastoral. Así pues, lo único que vemos en nuestro entorno es que una clase mediadora se hace cargo de los asuntos espirituales. Pero la iglesia que Dios desea establecer es una iglesia en la que Él pueda manifestar el evangelio completo sin la presencia de una clase mediadora. Si en ella existe cualquier cosa que no está en conformidad con el evangelio completo, entonces no es la iglesia.

"El que tiene oído, oiga lo que el Espíritu dice a las iglesias" (Ap. 2:7a). El Señor le dice esto mismo a las siete iglesias, lo cual indica que no solamente la iglesia en Éfeso debe atender a estas palabras, sino también todas las otras iglesias.

"Al que venza, le daré a comer del árbol de la vida, el cual está en el Paraíso de Dios" (v. 7b). El propósito original de Dios con respecto al hombre era que éste comiera del fruto del árbol de la vida. Ahora, Dios nos dice que podemos acercarnos a Él directamente y actuar en conformidad con Su propósito original. Así pues, la cuestión no gira en torno a saber qué es el árbol de la vida, sino, más bien, deberíamos preguntarnos si estamos dispuestos a cumplir el propósito original de Dios y comer del fruto del árbol de la vida en el huerto de Dios. Únicamente los vencedores pueden comer de este fruto. Todo aquel que retoma el propósito y la exigencia original de Dios, es un vencedor.

muerte; por tanto, en la Biblia, el principio propi
rrección es un principio muy precioso. La exp
estuvo muerto y revivió" prueba que la vida
muerte. Así pues, a los ojos de Dios, la igl
capaz de prevalecer sobre la muerte. L
están abiertas a la iglesia, pero la
pueden prevalecer contra ella ni
la naturaleza misma de la iglesi
que la iglesia pierde el poder
sufrimientos, ella es inút
cuando descubren que c
ban; para ellos, es co
resurrección no tem
ban que uno cie
ustedes piense
pués de hab
ella pasa
Aquello
la re

especial y que la re...
también es muy especial. Aquí, el Señor ...
mismo como: *"El Primero y el Ultimo, el que estuvo muerto y revivió"* (Ap. 2:8). Refiriéndose a aquel que venza, el Señor dice que *"no sufrirá ningún daño de la segunda muerte"* (v. 11), lo cual demuestra que la vida prevalece sobre la muerte. Muchos saben solamente lo que es estar "vivos", pero desconocen lo que es vivir "por los siglos de los siglos" (1:18) y qué significa decir que alguien "revivió" (2:8). ¡Estos son asuntos maravillosos! El día de Pentecostés, el apóstol, dirigiéndose a la multitud, les habló de Aquel "al cual Dios levantó, sueltos los dolores de la muerte, por cuanto era imposible que fuese retenido por ella" (Hch. 2:24). La muerte no pudo retenerlo. Una vez que mueren aquellos que están vivos, les es imposible volver a vivir; pero la muerte no puede retener al Señor Jesús, pues carece de la fuerza necesaria para ello. En esto consiste la resurrección. La vida de Jesús prevalece sobre la

o de la resu-
resión: "El que
puede soportar la
esia es una entidad
as puertas del Hades
s puertas del Hades no
ueden retenerla; por ende,
a es la resurrección. Cada vez
necesario para vencer sobre los
il. Muchos se dan por vencidos
ertas cosas no son como ellos desea-
mo enfrentarse con la muerte. Pero la
e a la muerte; los sufrimientos sólo prue-
tamente puede soportar la muerte. Quizás
n que cierta persona ha llegado a su fin des-
r sufrido alguna adversidad; pero lejos de ser así,
por tal situación sin ser detenido por la misma.
que pasa por la muerte y después aún permanece es
surrección.

Incluso nosotros, en nuestras propias vidas, muchas veces tenemos tales experiencias. Cuando enfrentamos pruebas y tentaciones, quizás dejemos de orar y nos sea difícil leer la Palabra. En tales ocasiones, todos los hermanos piensan que hemos llegado a nuestro fin; pero poco después nos levantamos nuevamente, y una vez más, la vida de Dios es exhibida en nosotros. Aquello que la muerte logró aniquilar, no es resurrección. En la iglesia se cumple este principio fundamental: la iglesia puede pasar por la muerte; ella no puede ser sepultada. En especial, la iglesia en Esmirna pone de manifiesto esta verdad. Si leemos la historia de los mártires escrita por Fox, conoceremos de qué manera la iglesia ha padecido persecución y aflicciones.

Podemos mencionar, por ejemplo, a Policarpo, quien era un obispo de la iglesia de aquellos tiempos y que fue apresado por los opositores de entonces. Puesto que se trataba de un anciano de ochenta y seis años de edad, sus opositores se resistían a matarlo y procuraron ser benévolos con él. Todo lo que Policarpo necesitaba decir para que ellos lo liberasen, era: "Yo no reconozco a Jesús de Nazaret". Pero él replicó: "No puedo negarle. Le he servido por ochenta y seis años, y Él jamás me ha fallado. ¿Cómo podría negarle sólo por amor a mi propio cuerpo?". Como consecuencia de ello, sus opositores lo llevaron a la hoguera donde murió incinerado. Mientras el fuego consumía su cuerpo, Policarpo pudo declarar: "¡Oh Dios! ¡Te doy gracias porque este día Tú me das la oportunidad de ser incinerado y, así, dar mi vida en testimonio de Ti".

Se nos cuenta, también, de una hermana a la que se le dijo que si ella se inclinaba ante Diana (el ídolo que se menciona en Hechos 19 como Artemisa de los efesios), sería liberada de inmediato. ¿Qué les dijo ella? Ella les respondió: "¿Me estáis pidiendo que elija entre Cristo y Diana? Elegí a Cristo la primera vez, y ahora ustedes quieren que escoja nuevamente. Yo sigo escogiendo a Cristo". Como resultado de su elección, ella también fue inmolada. Al presenciar esta escena, dos hermanas también se dijeron: "Tantos hijos de Dios han perecido. ¿Por qué seguimos aquí?". Después, ellas también fueron encarceladas. Allí, estas hermanas vieron cómo muchos fueron devorados por las bestias y ellas, nuevamente, se dijeron: "Muchos han dado testimonio con su sangre. ¿Por qué nosotras damos testimonio sólo con nuestras palabras?". Una de las hermanas estaba casada, mientras que la otra estaba comprometida. Sus padres, el esposo y el novio, todos ellos procuraron persuadirlas a renunciar a su fe; incluso, en una de sus visitas, trajeron al hijo de la hermana que estaba casada a fin de persuadirla a negar al Señor. Pero estas hermanas respondieron: "¿Qué podría compararse con Cristo?". Como consecuencia de tal actitud, ellas fueron arrastradas al coliseo romano y arrojadas a los leones. Mientras se dirigían hacia donde serían devoradas por los leones, ellas cantaban.

¡Cuán terribles fueron las persecuciones que le tocó padecer a la iglesia en Esmirna! Pero no importa lo que suceda, la vida siempre revive después de que ha muerto. Las persecuciones únicamente sirven para poner de manifiesto qué clase de entidad es la iglesia. Él es "El Primero y el Ultimo, el que estuvo muerto y revivió".

"Yo conozco tu tribulación, y tu pobreza" (Ap. 2:9). Ustedes no tienen posesión alguna en esta tierra, pero el Señor sabe

que son ricos. *"No temas lo que vas a padecer"* (v. 10). Toda la iglesia en Esmirna padeció persecución, pero la vida que experimentó la muerte y que ahora vive nuevamente, es capaz de prevalecer sobre todas estas persecuciones. La iglesia en Esmirna fue capaz de prevalecer sobre todas estas persecuciones debido a que ella conocía la resurrección. Únicamente la resurrección puede hacernos salir del sepulcro.

"Yo conozco ... las calumnias de los que se dicen ser judíos, y no lo son" (v. 9). Ahora, debemos considerar el problema de los judíos. El Señor dijo que la iglesia padece tribulaciones y pobreza, las cuales son experiencias fácilmente reconocibles. Pero aquello que se origina de nuestro interior, no es tan fácil de identificar y afrontar debidamente. Los judíos de los cuales se habla aquí no son los judíos que se hallan en el mundo, sino los judíos que están en la iglesia, de la misma manera que las personas que los nicolaítas consideraban inferiores no son las personas del mundo en general, sino los "laicos" que están en la iglesia. Aquí, el Señor hace referencia a los judíos que perseguían a los creyentes. Ciertamente, nada es más doloroso que esto. En las siete epístolas podemos identificar una corriente opositora. En ellas, se hace referencia dos veces a los nicolaítas: la primera vez en relación con la iglesia en Éfeso, y la segunda vez en relación con la iglesia en Pérgamo. Igualmente, también se hace referencia a los judíos en dos ocasiones: la primera vez aquí, y la segunda vez en relación con la iglesia en Filadelfia. En la epístola dirigida a la iglesia en Pérgamo, se menciona la enseñanza de Balaam, mientras que en la epístola a Tiatira se hace referencia a Jezabel. Todo esto constituye una corriente opositora. Así pues, podríamos preguntarnos qué significado se le atribuye a "los judíos" en este versículo. ¿Acaso la salvación no es de los judíos? ¿Por qué se nos dice aquí que ellos blasfeman? Es por este motivo que debemos saber qué es el judaísmo y qué es la iglesia.

Ciertamente existen muchas diferencias sustantivas entre el judaísmo y la iglesia, pero aquí quisiera mencionar sólo cuatro aspectos que debemos considerar detenidamente: el templo, la ley, los sacerdotes y las promesas. Los judíos construyeron, como lugar de adoración, un templo magnífico aquí en la tierra, para lo cual emplearon oro y piedras. Además, los judíos observan los Diez Mandamientos y muchos otros preceptos como la norma establecida que rige su comportamiento. Para encargarse de los asuntos espirituales, los judíos cuentan con los sacerdotes, un grupo de personas especiales. Y finalmente, ellos recibieron las bendiciones mediante las cuales pueden prosperar en esta tierra. No debemos pasar por alto que el judaísmo constituye una religión terrenal en la tierra. Así pues, ellos tienen un templo físico, preceptos escritos, sacerdotes mediadores y el goce terrenal.

Cuando los judíos ocuparon la tierra de Canaán, edificaron un templo. Si yo fuera judío y quisiera servir a Dios, tendría que ir al templo. Si siento que he pecado y he de presentar un sacrificio expiatorio, tendría que ir al templo para ofrecer dicho sacrificio. Si veo que Dios me ha bendecido y deseo darle gracias, tendría que ir al templo a dar las gracias. Por ser judío, tendría la obligación de proceder de este modo todo el tiempo. Así, el templo es el único lugar en el que podría rendir adoración a Dios; por ello, al templo se le llama el lugar de adoración. El pueblo judío es un pueblo que adora a Dios, y el templo es el lugar donde ellos lo adoran. En tales casos, los adoradores y el lugar de adoración son dos entidades distintas y separadas. Pero, ¿es así también en el Nuevo Testamento? La característica distintiva de la iglesia es que no hay un lugar específico ni un templo determinado, pues nosotros, las personas, somos el templo.

Efesios 2:21-22 dice: "En quien todo el edificio, bien acoplado, va creciendo para ser un templo santo en el Señor, en quien vosotros también sois juntamente edificados para morada de Dios en el espíritu". ¿Comprenden esto? La característica distintiva de la iglesia es que nuestros cuerpos son la morada de Dios. A nivel individual, todos y cada uno de nosotros somos el templo de Dios. A nivel corporativo, Dios hace que seamos conjuntamente edificados y acoplados, para llegar a ser Su morada. En la iglesia, no existe un lugar determinado para adorar a Dios, pues el lugar de adoración son los propios adoradores. Dondequiera que vayamos, nuestro lugar de adoración va con nosotros. Esto es fundamentalmente diferente de lo que sucede con el judaísmo. En el judaísmo, el templo es un edificio físico; en la iglesia, el templo es un templo espiritual. Alguien calculó una vez el valor total del templo de los judíos: su valor monetario era tal que alcanzaba para dar algo de dinero a todos los habitantes del planeta. ¿Y el templo de los cristianos hoy? Algunos son lisiados, otros ciegos y muchos son pobres, pero ellos son el templo. Hoy en día algunas personas dicen: "Si bien ustedes no tienen un templo solemne y magnífico al cual ir, por lo menos deberían tener una 'iglesia', un edificio". Pero la iglesia no requiere de un determinado edificio físico. Dondequiera que los creyentes vayan, el edificio de la iglesia va con ellos también. Dios mora en los hombres, y no en una casa. En la iglesia, Dios mora en el hombre; pero en el judaísmo, Dios mora en una casa. Los hombres piensan que para adorar a Dios se requiere de un lugar específico y determinado. Algunos inclusive llaman a dicho edificio "la iglesia". Esto es el judaísmo; ¡no es la iglesia! En el idioma griego, la palabra que se tradujo "iglesia" es *ekklesía*, que significa "la asamblea de los llamados". La iglesia es un pueblo que ha sido comprado con la sangre preciosa de Cristo; esto es la iglesia. Hoy en día, podemos fijar nuestro templo en un segundo piso, o en el pórtico de Salomón, o en la puerta llamada la Hermosa, o sencillamente en la primera planta de cualquier edificio. Pero el judaísmo sólo tiene un lugar físico. ¿Quiénes son entonces "los judíos" aquí mencionados? Son aquellos que infiltran en la iglesia la noción de un lugar físico para adorar a Dios. Si los hijos de Dios optan por el camino dispuesto por Dios, ellos tienen que suplicarle a Dios que les abra los ojos para permitirles ver que la iglesia es una entidad espiritual, y no una entidad física.

Los judíos también tienen leyes y preceptos que rigen su vida diaria (Dios se vale de la ley únicamente para darle a conocer a los hombres sus pecados). Todo judío tiene que guardar los Diez Mandamientos. Pero el Señor Jesús claramente dijo que aun si uno ha observado los Diez Mandamientos, todavía le hace falta algo (Lc. 18:20-22). El judaísmo fija ciertas normas que rigen la vida diaria de los judíos, las cuales están grabadas en tablas de piedra. Estas normas deben ser memorizadas. Pero esto representa un problema: si sé leer, podré conocer dichas normas; pero si no sé leer, las desconoceré. Si tengo buena memoria podré memorizarlas; de lo contrario, no podré recordarlas. En esto consiste el judaísmo. La norma establecida por el judaísmo para nuestra vida diaria está conformada por preceptos carentes de vida; es un mero estatuto externo. La ley no tiene cabida en la iglesia o, mejor dicho, la ley está inscrita en otro lugar. La ley que rige en la iglesia no está escrita en tablas de piedra, sino en las tablas de nuestro corazón. La ley del Espíritu de vida opera en nosotros. El Espíritu Santo mora en nosotros, y el Espíritu Santo es nuestra ley. Leamos Hebreos 8 y Jeremías 31. En Hebreos 8:10 Dios dice: "Pondré Mis leyes en la mente de ellos, y sobre su corazón las escribiré" (cfr. Jer. 31:33). Así pues, no discernimos entre lo correcto e incorrecto por lo que está escrito sobre tablas de piedra, sino por lo que está escrito en nuestros corazones. Hoy en día, la característica que nos distingue es que el Espíritu de Dios mora en nosotros.

Quisiera relatarles una historia que nos explica el significado de lo que acabamos de mencionar. En Kuling había un electricista que tenía muy poca educación, el Sr. Yu, quien fue salvo. Al acercarse el invierno, él empezó a hacer preparativos para beber vino, como siempre solía hacerlo antes de ser salvo. Un día, la cena estaba servida, el vino había sido calentado y él, su esposa y un ayudante, estaban sentados a la mesa. El Sr. Yu se dispuso a dar gracias por los alimentos que había en la mesa, pero por algún tiempo guardaba silencio; finalmente, él dijo: "Ahora que soy cristiano, me pregunto si está bien que los cristianos beban vino. Es una pena que el hermano Nee ya se haya ido; de otro modo, podríamos preguntarle. Indaguemos lo que dice la Biblia al respecto". Así que los tres consultaron la Biblia como pudieron en procura de una respuesta, pero no encontraron nada al respecto. Finalmente la esposa sugirió que, por esta vez, procedieran a tomar el vino y que después escribieran una carta consultándome. Si yo les dijese que era incorrecto beber vino, entonces ellos dejarían de tomarlo, pero si yo lo aprobase, podrían seguir bebiéndolo como de costumbre. Así que el hermano Yu nuevamente se puso en pie para dar gracias por los alimentos, pero no podía pronunciar palabra por un tiempo. Después que esto sucedió, al volverme a ver el Sr. Yu mencionó este incidente, y yo le pregunté si él finalmente llegó a beber el vino, a lo cual él me respondió: "El dueño de casa que vive en mí no me permitió hacerlo, así que no bebí". Hay un "dueño de casa"; ésta es una aseveración muy positiva. Si el Espíritu Santo no está de acuerdo con nuestras acciones, las razones que tengamos para justificar las mismas no tendrán ninguna relevancia; y si el Espíritu Santo está de acuerdo, tampoco importará cualquier objeción que tengamos al respecto. La ley, pues, llega a ser una realidad interna para nosotros y deja de ser algo meramente externo.

En el judaísmo hay leyes y preceptos establecidos por escrito. Hoy en día, también hay muchas reglas y normas en la "iglesia", pero ésta no es la iglesia. Cualquier norma establecida por escrito no es la iglesia. Nosotros no tenemos leyes ni reglamentos externos, pues la norma establecida para nuestra vida diaria opera en nuestro interior. La tribulación que padeció la iglesia en Esmirna ocurrió a raíz de que aquellos que se llamaban a sí mismos judíos estaban imponiéndole a la iglesia normas judaicas.

En el judaísmo, Dios y los adoradores de Dios son dos entidades distintas y separadas, totalmente ajenas entre sí. La distancia entre una y otra, es el judaísmo. Si una persona viera personalmente al Dios del judaísmo, moriría inmediatamente. ¿Cómo podrían las personas que se adhieren al judaísmo acercarse a Dios? Ellas tienen que depender del sacerdote como su mediador, ya que los sacerdotes representan a las personas delante de Dios. El común de las gentes es considerado seglar, por lo cual se les mira como mundanos y sólo pueden ocuparse de los asuntos seculares; pero los sacerdotes deben ser completamente santos y dedicarse exclusivamente a las cosas santas. La responsabilidad de los judíos es simplemente traer los bueyes o las ovejas al templo. Pero en cuanto concierne a servir a Dios, esto es incumbencia exclusiva de los sacerdotes y no de los judíos en general. Sin embargo, en la iglesia, esto no es así. En la iglesia, Dios no solamente desea que le traigamos ofrendas materiales, sino también anhela que las personas mismas acudan personalmente a Él. Hoy en día, la clase mediadora ha sido abolida. ¿Cuáles eran las blasfemias pronunciadas por los llamados judíos? Algunos en la iglesia en Esmirna decían: "¡Habrá desorden si cualquier hermano puede bautizar a las personas o partir el pan, y si todas las responsabilidades son dadas a los hermanos en general! ¡Eso sería terrible!". Ellos preferían establecer una clase mediadora.

El cristianismo de hoy ya ha sido completamente judaizado. El judaísmo tiene sacerdotes, mientras que el cristianismo tiene "padres" muy estrictos, clérigos que no son tan estrictos, y pastores que forman parte de un sistema pastoral. Los padres, los clérigos y los pastores se encargan de los asuntos espirituales en beneficio de todo el pueblo. Lo único que ellos esperan de los miembros de la iglesia es una donación. Los laicos (los creyentes en general) son seglares; únicamente se encargan de los asuntos seculares y pueden ser tan mundanos como quieran. Pero, hermanos y hermanas, ¡la iglesia no tiene ni un solo miembro que sea "seglar", es decir "mundano"! Esto no quiere decir que no nos ocupemos de ningún asunto secular, sino que el mundo no ejerce influencia alguna sobre nosotros. En la iglesia, todos son espirituales. Les puedo asegurar que siempre que la iglesia llegue a tener únicamente unas cuantas personas encargadas de los asuntos espirituales, ella habrá caído en degradación. Sabemos que los "padres" de la Iglesia Católica Romana no pueden contraer matrimonio debido a que cuanto menos se parezcan al común de los hombres, más confianza inspirarán a quienes quieran confiarles asuntos espirituales. Pero la iglesia no es así. La iglesia exige de nosotros que consagremos todo nuestro ser a Dios. Éste es el único camino por el que podemos optar. Todos tienen que servir al Señor. Realizamos tareas seculares solamente para cubrir nuestras necesidades diarias.

Ahora abordaremos el cuarto aspecto. Los judíos servían a Dios con el propósito de que ellos pudieran cosechar trigo en mayor abundancia y que sus bueyes y ovejas se multiplicaran abundantemente, tal como sucedió con Jacob. Los judíos, pues, anhelan las bendiciones que les ofrece este mundo. Todo cuanto Dios les ha prometido son también promesas de esta tierra, a saber, que ellos llegarían a ser una nación destacada y líder entre las naciones de esta tierra. Pero la primera promesa hecha a la iglesia está resumida en lo siguiente: tomar la cruz y seguir al Señor. Algunas veces, cuando predico el evangelio, algunos me preguntan: "¿Tendremos arroz para comer si creemos en Jesús?". A lo cual, en ciertas ocasiones, he respondido: "No, sino que cuando ustedes crean en Jesús, sus vasijas para el arroz serán quebradas". Esto es lo que sucede en la iglesia. No es que por haber creído en el Señor vayamos a prosperar en todo cuanto emprendamos. En cierta ocasión, en la ciudad de Nankín, un predicador dijo en su sermón: "Si ustedes creen en Jesús, tal vez no amasen grandes fortunas, pero por lo menos tendrán buenos ingresos". Al escuchar esto, me pareció que él no hablaba en conformidad con lo que corresponde a la iglesia. En la iglesia no se nos enseña lo mucho que ganaremos al vivir en presencia de Dios, sino que se nos muestra cuánto debemos renunciar si hemos de vivir así. La iglesia, pues, no considera el sufrimiento como algo doloroso; más bien, lo considera un gozo. Hoy en día, estos cuatro aspectos —el templo físico, las leyes escritas, los sacerdotes mediadores y las promesas terrenales— están presentes en la iglesia. Hermanos y hermanas, anhelamos predicar más la palabra de Dios. Esperamos que todos los hijos de Dios, incluyendo a los que tienen ocupaciones seculares, sean personas espirituales.

En Apocalipsis 2:9 el Señor usa palabras muy severas: *"Los que se dicen ser judíos, y no lo son, sino sinagoga de Satanás"*. Ciertamente el término "sinagoga" tiene estrecha relación con el judaísmo, de la misma manera que un "templo budista" guarda estrecha relación con el budismo, o un "monasterio taoísta" hace alusión al taoísmo, o al hablar de una "mezquita" nos referimos inequívocamente al mahometismo. A cierto hermano se le ocurrió decir que nuestros salones de reunión no debieran llamarse "salón de reuniones de la iglesia", sino sinagogas cristianas. Si hiciéramos esto, cuando los judíos vieran tales letreros surgirían graves malentendidos, pues el término *sinagoga* se utiliza exclusivamente en el judaísmo. ¿Cómo podríamos, entonces, hablar de una sinagoga cristiana sin introducir elementos del judaísmo? El Señor dijo que ellos constituían la sinagoga de Satanás. Los judíos mencionados aquí son los judíos que están en la iglesia, pues ellos establecen una "sinagoga". Que Dios tenga misericordia de nosotros. Tenemos que deshacernos completamente de todo elemento judaizante.

La iglesia en Esmirna padecía tribulación, pobreza y las calumnias de los judíos. ¿Pero qué es lo que el Señor les dijo? *"No temas lo que vas a padecer. He aquí, el diablo va a echar a algunos de vosotros en la cárcel, para que seáis probados"* (v. 10). ¡No teman! Muchas veces, si solamente supiéramos que algo ha sido causado por Satanás, la mitad del problema estaría resuelto. Es en el momento en que pensamos que algún problema ha sido ocasionado por los hombres que comenzamos a tener dificultades. Si tan sólo pudiésemos saber que ello procede del enemigo, habríamos resuelto nuestro problema y nuestro corazón podría reposar en el Señor.

"Y tendréis tribulación por diez días" (v. 10). Aquí surge la pregunta respecto a qué se refieren estos "diez días". Muchos de los estudiosos que han enseñado sobre Apocalipsis y Daniel suelen contar un día como un año. Puesto que cuentan estos diez días como diez años, al procurar determinar cuál haya sido este período en la historia de la iglesia, no lo encuentran. En lo personal, me parece que no tenemos un fundamento bíblico para afirmar que estos diez días son diez años. Son muchos los pasajes bíblicos en los que no se puede hacer equivaler un día a un año. Por ejemplo, Apocalipsis 12:14 hace referencia a "un tiempo, y tiempos, y la mitad de un tiempo", con lo cual alude a un período de tres años y medio; y en el versículo seis de este mismo capítulo se habla de "mil doscientos sesenta días". El año judío tiene 360 días, por tanto, mil doscientos sesenta días son tres años y medio. Si un día fuese equivalente a un año, estaríamos hablando de mil doscientos sesenta años. Si el período de la gran tribulación se prolongara por tantos años, ¿cómo podrían sobrevivir los seres humanos?

Entonces, ¿cuál es el significado de los diez días? En la Biblia, se habla en diversas ocasiones de un período de diez días. Génesis 24:55 habla de "diez días". Cuando el mayordomo de Abraham quiso llevar a Rebeca consigo, el hermano y la madre de Rebeca le pidieron se quedase con ellos al menos por diez días. Cuando Daniel y sus amigos se rehusaron a contaminarse ingiriendo la comida del rey, le pidieron a quien estaba encargado de ellos que les diese un plazo de diez días (Dn. 1:11-12). Así pues, en la Biblia "diez días" representa un período muy breve. Las palabras dichas por el Señor en Apocalipsis 2:10 tienen el mismo significado. Por un lado, quieren decir que se ha fijado cierto período para nuestro sufrimiento y que nuestros días de sufrimiento han sido determinados por el Señor. Después de estos días, seremos liberados tal como sucedió con Job. Por otro, esto significa que se trata de un período muy breve. Independientemente de la clase de sufrimientos que, delante de Dios, tengamos que padecer, los mismos no se prolongarán por mucho tiempo. Cuando se cumpla el período determinado de antemano, el diablo ya no podrá hacer nada contra nosotros. Así pues, las pruebas que enfrentemos pasarán rápidamente.

"Sé fiel hasta la muerte, y Yo te daré la corona de la vida" (Ap. 2:10). Ser fieles hasta la muerte es un asunto tanto de tiempo como de actitud. El Señor insiste en que la vida de aquellos que le sirven le pertenecen a Él. Por esto debemos ser fieles hasta la muerte. Todo aquel que ha sido comprado con la sangre preciosa del Señor pertenece al Señor y tiene que ser completamente para el Señor. Desde un principio, Cristo exige nuestro todo. Ahora Él nos dice: "Sé fiel hasta la muerte". En lo que respecta a nuestra actitud, debemos estar dispuestos a ser fieles incluso hasta la muerte; y en lo que respecta al tiempo de nuestro sufrimiento, debemos ser fieles hasta la muerte. "Yo te daré la corona de la vida". La corona es una recompensa; en aquel tiempo, la vida divina llegará a ser una corona.

"El que tiene oído, oiga lo que el Espíritu dice a las iglesias. El que venza, no sufrirá ningún daño de la segunda muerte" (v. 11). Aquí dice claramente que no sólo escaparemos de la segunda muerte, sino que tampoco sufriremos daño alguno de parte de ella, pues ya habremos aprendido la lección correspondiente. Las tribulaciones son severas; si no hemos padecido tribulaciones, jamás sabremos cuán terribles son. La pobreza nos oprime; pero si nunca hemos experimentado pobreza, no sabremos lo que significa ser oprimidos. Las calumnias

también nos oprimen; pero si jamás hemos sido calumniados, no conoceremos cuán dolorosa es esta experiencia. Es como si toda experiencia que enfrentamos nos condujera a la muerte, pero al pasar por tales experiencias, comprobamos que la resurrección es un hecho consumado. El Señor salió del sepulcro y nosotros también saldremos. Hoy en día, Su vida de resurrección no puede ser destruida, por ello nos atrevemos a afirmar que nosotros tampoco seremos destruidos.

Capítulo cuatro

LA IGLESIA EN PÉRGAMO

Lectura bíblica: Ap. 2:12-17

La iglesia en Éfeso representa a la iglesia que existió en las postrimerías de la era apostólica, es decir, la iglesia que estaba presente antes que el apóstol Juan falleciera, la iglesia que vivió durante "la última hora" según lo afirma el propio Juan y la iglesia de la cual se habla en 2 Pedro y 2 Timoteo. Ya vimos esto en los dos primeros capítulos. Después, en el capítulo tres, vimos la era en que la iglesia fue perseguida al examinar la profecía sobre la iglesia en Esmirna tal como nos la declaró el propio Señor. Ahora, procederemos a examinar la iglesia en Pérgamo.

El nombre *Pérgamo* quiere decir "matrimonio" o "unión". Aquí se nos muestra cómo la iglesia realizó un giro. Me parece que los creyentes que en aquel tiempo leyeron sobre Pérgamo no entendieron completamente el significado de esta epístola. Pero si miramos retrospectivamente y consideramos la historia de la iglesia, el significado de esta epístola es bastante obvio. Un historiador, el Sr. Gibbon, afirma que si hubiesen matado a todos los cristianos que vivían en Roma, esta ciudad se habría quedado despoblada. Puesto que la persecución más intensa que se registra en la historia no pudo destruir a la iglesia, Satanás cambió su estrategia de ataque. Así pues, el mundo no solamente dejó de oponerse a la iglesia, sino que incluso el imperio más dominante de aquel entonces —el Imperio Romano—, designó al cristianismo como la religión oficial del imperio. Se cuenta que el emperador Constantino tuvo un sueño en el que vio una cruz con la siguiente inscripción: "Con este símbolo, conquista". Al descubrir que este símbolo representaba el cristianismo, Constantino aceptó el cristianismo y lo designó como la religión oficial. El emperador alentó al pueblo a que se bautizase, y todo el que se bautizaba recibía dos túnicas blancas y unas cuantas piezas de plata. A partir de entonces, la iglesia se unió al mundo y, así, cayó en degradación. En el capítulo anterior vimos que la iglesia en Esmirna era la iglesia que padeció tribulaciones y que el Señor no la reprendió. Pero aquí vemos cómo Pérgamo se une al mundo para convertirse en la religión oficial más prominente. A los ojos de los hombres, esto habría representado un progreso significativo; pero el Señor no estaba complacido. Cuando la iglesia se une al mundo, su testimonio es arruinado. La iglesia es peregrina en este mundo. Está bien que la barca esté sobre las aguas, pero no que las aguas estén dentro de la barca.

"El que tiene la espada aguda de dos filos..." (Ap. 2:12). El Señor se refiere a Sí mismo como Aquel que tiene la espada aguda de dos filos. Esto representa el juicio divino.

Si bien la iglesia se degradó, ello no significa que durante esa era la iglesia no tenía testimonio alguno. Independientemente del entorno en que se halle la iglesia, la realidad de la iglesia estará siempre presente. Pérgamo es la iglesia que surge inmediatamente después de Esmirna. ¿En qué situación la encontramos? En el versículo 13 el Señor dijo: *"Yo conozco dónde moras, donde está el trono de Satanás"*. El Señor reconoce la situación difícil en la que se encuentra la iglesia en Pérgamo. Puesto que ella mora allí donde está el trono de Satanás, le resulta muy difícil mantener su testimonio. Mas he aquí una persona muy especial: "Antipas Mi testigo, Mi siervo fiel, que fue muerto entre vosotros". No encontramos a este personaje en la historia; por tanto, puesto que este texto es una profecía, tenemos que descubrir el significado de este testigo en el nombre que se le da. *Anti* significa "en contra de", y *pas* significa "todo". Antipas, pues, es una persona fiel que está en contra de todo, que se opone a todo. Esto no quiere decir que sea una persona que deliberadamente ha decidido generar conflictos, independientemente de cuál sea la situación que enfrente, sino que es una persona que está del lado de Dios y se opone a todo debido a ello. Por supuesto, esta persona tiene que llegar a ser un mártir. La historia no conoce su nombre, pero el Señor sí lo conoce.

Con respecto a este siervo fiel que es inmolado, en el versículo 13 el Señor dijo: *"Retienes Mi nombre, y no has negado Mi fe"*. Se mencionan, pues, dos cosas: el nombre del Señor y la fe del Señor. Los hijos de Dios son aquellos que Dios ha elegido de entre los gentiles para que permanezcan en el nombre del Señor. Existe, pues, una diferencia esencial entre la iglesia y la religión. En la religión basta con aceptar ciertas enseñanzas, pero en la iglesia ello no tiene valor si uno no cree en el Señor. El nombre del Señor representa al propio Señor. Ésta es una característica muy especial. Además, el hecho de que tengamos Su nombre también nos dice que Él estuvo entre nosotros y retornó, que Él murió y volvió a vivir; por tanto, Él nos ha dejado Su nombre. Si no retenemos el nombre del Señor, ciertamente el testimonio ya no está con nosotros. Pérgamo, pues, recibió el nombre del Señor. Existe una cosa a la que los hijos de Dios deben dar especial importancia: tenemos que poner de manifiesto que somos personas que permanecemos en el nombre del Señor. Este nombre es un nombre especial, un nombre que nos librará de perder el testimonio.

Él también dijo: *"No has negado Mi fe"*. La palabra griega que aquí se tradujo como "fe" es *pistis*. El significado de esta palabra es creencia; no es una creencia cualquiera, sino la creencia única, la creencia que es distinta de todas las demás. El Señor estaba diciendo que Pérgamo no había negado la fe única. La iglesia no está en el ámbito de la filosofía, las ciencias naturales, la ética o la psicología. Estos no son los campos a los que corresponde la iglesia. La iglesia existe en el ámbito de la creencia única, en el ámbito de la fe. *"No has negado mi fe"*. ¿Qué significa esto? Esto significa: "No has negado que crees en Mí". Los hijos de Dios tienen que mantener esta creencia única, esta fe. Nuestra fe en el Señor Jesús no puede cambiar de manera alguna, no podemos transigir al respecto; esta fe es la que nos separa del mundo. Así pues, *"retienes Mi nombre, y no has negado Mi fe"*, se refiere a dos aspectos por los cuales el Señor elogia a la iglesia en Pérgamo.

"Pero tengo unas pocas cosas contra ti: que tienes ahí a

algunos que retienen la enseñanza de Balaam, que enseñaba a Balac a poner tropiezo ante los hijos de Israel, a comer de cosas sacrificadas a los ídolos, y a cometer fornicación" (v. 14). Balaam era un gentil; no sabemos por qué Dios lo llamó profeta. Como en el caso de Saúl, si bien el Espíritu de Dios operó sobre él, no entró en él. Debido a que el pueblo de Israel ganaba una batalla tras otra, Balac tuvo temor y acudió a Balaam diciéndole: "Tú eres un profeta. Por favor maldice al pueblo de Israel". Balaam codiciaba el dinero que se le ofreció y deseaba ir donde se encontraba Balac; aunque al inicio Dios se lo impidió, finalmente le permitió ir. Al principio Balaam no encontró manera de maldecir al pueblo de Israel y, puesto que había aceptado el dinero de Balac y no pudo hacer nada de lo que éste le había pedido, se sintió muy incómodo. Sin embargo, posteriormente elaboró un plan mediante el cual las mujeres moabitas se acercaran al pueblo de Israel. El pueblo de Israel tomó a estas mujeres moabitas y se unió a ellas. Estas mujeres trajeron consigo sus ídolos, haciendo que el pueblo de Israel, además de cometer fornicación en la carne, adorara a los ídolos. Ante esta situación, el furor de Dios se encendió e hizo morir a 24,000 israelitas, si bien Moab subsistió. En Números 25 vemos que las mujeres moabitas se habían unido a los israelitas, pero no es sino hasta el capítulo treinta y uno del mismo libro que se pone en evidencia la estratagema urdida por Balaam.

Así pues, Dios nos muestra qué es Pérgamo: Pérgamo representa el matrimonio con el mundo. Inicialmente, el mundo estaba en contra de la iglesia; pero ahora, el mundo se ha unido a la iglesia en matrimonio. He dicho muchas veces que el significado de la palabra "iglesia" (gr. *ekklesía*) es la asamblea de los llamados; la iglesia no está unida al mundo ni forma parte del mismo, sino que se ha separado del mundo por haber sido llamada a salir de él. El método de Balaam consiste en anular la separación que existe entre la iglesia y el mundo, y el resultado es la idolatría.

Aquí debemos prestar atención a dos cosas: la fornicación y la idolatría. Es muy extraño que se pongan estas dos cosas juntas. En 1 Corintios también se mencionan juntas. En cuanto a lo que hacemos en la carne, éstas son las dos cosas que Dios aborrece, y en el ámbito espiritual, éstas son también las dos cosas que Dios aborrece. Leamos lo que Jacobo 4:4 dice al respecto: "¿No sabéis que la amistad del mundo es enemistad contra Dios?". Dios aborrece toda unión con este mundo. Asimismo, las riquezas (gr. *mamonás*) son contrarias a Dios mismo. "No podéis servir a Dios y a las riquezas" (Mt. 6:24). Los hombres sirven a uno o al otro. Aquí vemos un asunto de suma importancia: las riquezas son contrarias a Dios. Son muchos los ídolos que existen únicamente debido a las riquezas. En nuestros días, ningún cristiano mataría gente ni se postraría ante un ídolo; pero si ambicionamos el dinero y depositamos nuestra confianza en el poder de las riquezas, ello equivale a adorar ídolos. Las riquezas es el principio subyacente a la idolatría, y Dios desea separar al hombre de tales riquezas. Así pues, cometer fornicación está vinculado a la idolatría, y ambicionar riquezas está vinculado a la unión con el mundo. Me gusta mostrarles cuáles son las entidades que se oponen entre sí, tal como aparecen en la Biblia; si podemos ver el lado negativo, entonces podemos ver el lado positivo. La Biblia siempre nos muestra que Satanás está en contra de Cristo, que la carne está en contra del Espíritu Santo y que el mundo con sus riquezas está en contra de Dios el Padre. El mundo se opone al Padre. Según 1 Juan 2:15: "Si alguno ama al mundo, el amor del Padre no está en él". Las riquezas, pues, son contrarias a Dios mismo. Siempre que alguien esté al servicio de las riquezas, no podrá servir a Dios.

La labor de Balaam consiste en unir al mundo con la iglesia. El anhelo de ser exaltados por el emperador Constantino representa la enseñanza de Balaam. Nada es más difícil que impedir que se infiltre la obra de Balaam. En la actualidad, la mayoría de los hijos de Dios anhelan ser prominentes, disfrutar de abundancia y no tener que seguir la santidad y la pureza. Por tanto, ellos ceden ante los pecados, ceden ante las enseñanzas de Balaam y permiten que el nombre del Señor sea negado.

El Señor específicamente menciona a Balaam en esta epístola. Balaam fue el primero en obtener ganancia monetaria a causa de sus dones. Hay diversos pasajes del Nuevo Testamento que nos hablan sobre Balaam. En 2 Pedro 2:15

dice que Balaam "amó el pago de la injusticia". Judas 11 nos da a entender que Balaam era una persona motivada por el ansia de lucro. Detengámonos a considerar estos asuntos. ¿Piensan ustedes que habría sido posible que la iglesia en Corinto, antes de invitar a Pablo, negociara con él sobre la recompensa monetaria que habría de recibir? ¿Piensan acaso que la iglesia en Jerusalén firmó un contrato con Pedro fijando cierto monto de remuneración anual? Es imposible concebir que hayan ocurrido tales cosas. Inicialmente, quienes laboraban para Dios dependían de Dios para su subsistencia; ellos no pedían nada a los hombres ni tampoco estaban dispuestos a recibir dinero de los gentiles (3 Juan 7). Pero, en los tiempos de Constantino, todos los que servían a Dios recibían salarios procedentes del tesoro público. Fue poco después del año 300 d. C. que esta práctica comenzó. El método de Balaam se introdujo cuando todos los que servían empezaron a ser remunerados. Pero este método, el método de Balaam, no tiene cabida en los planes de Dios. Si usted les hubiera preguntado a los apóstoles cuál era el monto de sus remuneraciones mensuales, ¿acaso tal pregunta no habría sido considerada como una broma de mal gusto? Sin embargo, en nuestros días, esta situación es muy común y corriente. Si confiamos en Dios, entonces podemos ser partícipes de la obra; pero, si no confiamos en Dios, no podemos dedicarnos a la obra. Tenemos que considerar detenidamente este asunto delante del Señor.

Inmediatamente después de Apocalipsis 2:14 se menciona nuevamente a los nicolaítas. La palabra "asimismo", al comienzo del versículo 15, conecta con las palabras del versículo anterior. El Señor muestra primero cuánto desaprueba la enseñanza de Balaam; asimismo, Él también aborrece la enseñanza de los nicolaítas. La Biblia nos muestra que Dios mismo dispone lo que debe ser la iglesia. Leamos Mateo 20:25-28: "Entonces Jesús, llamándolos, dijo: Sabéis que los gobernantes de los gentiles se enseñorean de ellos, y los que son grandes ejercen sobre ellos potestad. Mas entre vosotros no será así, sino que el que quiera hacerse grande entre vosotros será vuestro servidor, y el que quiera ser el primero entre vosotros será vuestro esclavo; así como el Hijo del Hombre no vino para ser servido, sino para servir, y para dar Su vida en rescate por muchos". ¿Ven esto? La iglesia ha sido establecida por el Señor; en ella no tiene cabida una clase principesca ni tampoco aquellos que quieran enseñorearse de sus hermanos. El Señor dijo que el que quiera hacerse grande entre nosotros deberá ser, más bien, nuestro servidor; es decir, los servidores son los jefes. Así pues, la grandeza de una persona no está determinada por la posición que ella ocupe, sino por el servicio que desempeñe. Si ustedes toman en cuenta Mateo 23:8-11, esto resulta aún más evidente. El principio básico que rige en la iglesia es éste: todos somos hermanos; no hay rabíes, ni instructores ni padres.

Cuando Constantino abrazó el cristianismo, surgió la enseñanza de Balaam y apareció la enseñanza de los nicolaítas. Aquí vemos el sistema de los padres. Entre todos los padres, aquel que destaca por encima de todos ellos es el papa. Aquellos que besan sus pies deben exclamar, cada vez que lo hacen: "Mi Señor". Además, el Vaticano está lleno de oficiales de alto rango, e incluso muchas naciones tienen allí sus respectivos embajadores y ministros. En tales medios existen reyes y oficiales de alto rango, así como quienes se hacen llamar padres y aquellos que se hacen llamar rabíes. Ésta es la enseñanza de los nicolaítas sobre la cual ya hablamos anteriormente. Aquellos que ocupan alguna posición o poseen reputación en el mundo deben tener cuidado de no introducir las cosas del mundo en la iglesia. Si usted es incapaz de considerar a aquella persona humilde que se sienta a su lado como hermano suyo, hay algo en usted que no está bien. Siempre que usted se reúne con sus hermanos y hermanas y, sin embargo, no puede ser un hermano o hermana para ellos, surgen los nicolaítas. La raíz griega *laos*, que está en la palabra griega *nikolaites*, no solamente significa laico (es decir, el común de las gentes), sino que también significa lego o indocto en cierta materia, en contraste con los que son expertos o especialistas. Por ejemplo, los médicos son especialistas, y los que no tienen tal especialidad son considerados legos en esa materia. Cuando un carpintero se reúne con otro carpintero, ambos comparten el mismo oficio y ambos son expertos en dicha materia; pero cuando uno de ellos se reúne con otro que no es carpintero, éste es considerado por aquel un lego en la carpintería, o sea, alguien que no comparte el mismo oficio. Ser un nicolaíta significa ser uno que está por encima de los que son legos en la materia respectiva, lo cual implica que hay un grupo de expertos, es decir, un grupo de personas que tienen el mismo oficio, y que los demás son legos, es decir, no son partícipes del mismo oficio. El Señor dice que Él está en contra de esto.

La condición en la que se encontraba la iglesia en Éfeso difiere de aquella en la que se encontraba la iglesia en Pérgamo. En la iglesia en Éfeso se manifestó solamente la conducta propia de los nicolaítas, mientras que en la iglesia en Pérgamo se ve la enseñanza de los nicolaítas. Para que una determinada manera de comportarse llegue a convertirse en una enseñanza, se requiere que transcurra cierto tiempo. Si se manifiesta cierta clase de comportamiento el cual, después, da lugar a que se enseñe cierta clase de doctrina, ello no solamente implica que de hecho existe un determinado comportamiento, sino que, además, se ha desarrollado cierta ideología tomando como base tal comportamiento. Ésta es una etapa más avanzada. El comportamiento se manifiesta antes de que se haya desarrollado cierta enseñanza; así pues, cuando la enseñanza se pone de manifiesto, la situación ya es bastante grave. Hace algunos años conocí a un miembro de la iglesia que tomó para sí una concubina. Alguien me pidió que le advirtiera en contra de ello; pero este hermano no sólo pensaba que estaba en lo correcto al tomar una concubina para sí, sino que incluso presentó diversos ejemplos bíblicos a fin de cubrir su pecado. Tomar para sí una concubina es una determinada manera de comportarse; pero una vez que se cita la Biblia para justificar tal comportamiento, ello se convierte en una enseñanza. Asimismo, hoy en día, se acepta la enseñanza de los nicolaítas. ¿Cómo es que en Pérgamo se dio lugar a semejante enseñanza? Ya dijimos que cuando Constantino designó al cristianismo como la religión oficial del imperio, la iglesia contrajo matrimonio con el mundo. En aquel entonces, siempre y cuando uno fuese ciudadano romano, podía bautizarse; como consecuencia de ello, la iglesia se llenó de incrédulos. Inicialmente, la iglesia estaba compuesta únicamente de hermanos, y todos ellos ejercían su sacerdocio. Pero después, una multitud diversa pasó oficialmente a formar parte de la iglesia, y era imposible pedir que tales personas sirvieran a Dios. Fue entonces que, para adaptarse a las nuevas circunstancias, se eligió a un grupo de personas a las que se les dijo: "Ustedes encárguense de los asuntos espirituales y dejen que los demás sigan siendo los laicos o legos". Muchos de los que comenzaron a ser considerados miembros de la iglesia, realmente no conocían al Señor Jesús; por tanto, aquellos que sí conocían al Señor Jesús se convirtieron en los expertos. Como resultado de ello, surgieron los nicolaítas. Éste es el resultado inevitable cuando la iglesia contrae matrimonio con el mundo. Lo que los nicolaítas hicieron constituyó primero, en Éfeso, apenas una manera de comportarse o actuar; pero en Pérgamo, esto se convirtió en una enseñanza. A partir de entonces, la iglesia se convirtió en la tarea de unos cuantos expertos, tarea en la cual los legos no tenían parte alguna. Se empezó a enseñar que estaba bien que ciertas personas no fueran espirituales, que los asuntos espirituales podían ser confiados a los expertos y que el común de las gentes sólo necesitaba preocuparse de los asuntos seculares. De esta manera, surgió la doctrina según la cual en la iglesia pueden existir dos clases de personas: los encargados de asuntos espirituales y los encargados de asuntos seculares. Basta con que el común de las gentes asista a las reuniones; no deben preocuparse por nada más. Si alguno procurase, entonces, aplicar los principios que rigen nuestras reuniones tal como aparecen en 1 Corintios 14, no habría dado buenos resultados. La doctrina de Balaam había introducido la enseñanza de los nicolaítas.

Estoy convencido de que esto es lo que el Señor aborrece más y, por eso mismo, tenemos que darle la debida importancia. Ciertamente sé el papel que cumple el ministerio. Sé también que Pablo se ocupó en fabricar tiendas al mismo tiempo que Pedro, Jacobo y Juan se dedicaron exclusivamente al ministerio de la palabra. Pero hoy, cuando nos referimos a la posición de los hermanos, no lo hacemos en relación con la posición que tiene el ministerio. En la iglesia local, los hermanos de la localidad deben ser los diáconos y los ancianos. Todos los hermanos y hermanas deben ocuparse de los asuntos espirituales, pues ellos son los sacerdotes. Los ancianos no deben hacerlo todo en lugar de los hermanos; ellos sólo "velan" por los santos. En lo que respecta a los obreros o colaboradores, cuando ellos visitan las iglesias, tienen la posición de hermanos solamente. En ello estriba la diferencia entre los nicolaítas y los hermanos. La Biblia nos muestra que todos los hijos del Señor dan testimonio, pero los apóstoles testifican más. Es una diferencia de grado, no de naturaleza. En cuanto a su naturaleza, ambos testimonios son idénticos; ellos únicamente varían en cuanto a su medida. Pero la enseñanza de los nicolaítas altera esto, pues los asuntos espirituales pasan a ser responsabilidad exclusiva de un grupo especial de personas. Esto es algo que Dios rechaza rotundamente, pues si éste fuese el caso, la iglesia podría ser mundana y conformarse con tener unos cuantos diáconos que sean espirituales. Entonces, se seleccionaría un grupo de personas espirituales de entre los miembros de la iglesia a fin de que se encargaran de los asuntos espirituales; tales personas llegarían a convertirse en una clase particular de personas que se encargaría de dichos asuntos. El sistema de "padres" de la iglesia mundana, el sistema clerical de las iglesias estatales y el sistema pastoral de las iglesias independientes son, todos ellos, de la misma índole. Todos estos sistemas son propios de los nicolaítas. Pero en la Biblia únicamente hay hermanos. Ciertamente existe el don pastoral, pero no un sistema pastoral. El sistema pastoral es una tradición humana. Si los hijos de Dios no están dispuestos a asumir la posición que se les otorgó en el principio, no importa lo que hagan, siempre estarán equivocados. La iglesia no debe unirse al mundo ni tampoco debe recibir a incrédulos; de otro modo, fácilmente terminaremos por adoptar la enseñanza de los nicolaítas. Las personas tienen que separarse del mundo antes de poder formar parte de la iglesia. Siempre que permitamos que un incrédulo sea considerado como miembro de la iglesia, la iglesia habrá dejado de ser tal para formar parte del mundo. Así pues, la santidad de la iglesia y su separación del mundo debe ser mantenida a cualquier precio.

"Por tanto, arrepiéntete; pues si no, vendré a ti pronto, y combatiré contra ellos con la espada de Mi boca" (Ap. 2:16).

En este versículo el Señor usa palabras muy severas. Si ellos no se arrepienten, Él los castigará con la espada de Su boca; es decir, castigará y juzgará a los que se rebelaron contra Él. ¡Rogamos a Dios que entre nosotros no se halle nicolaíta alguno! Estoy persuadido que si la iglesia es espiritual, entonces los nicolaítas no hallarán cabida entre nosotros. Una vez que la iglesia llegue a ser mundana, surgirán los nicolaítas. En el principio, el requisito de Dios para el pueblo de Israel era que la nación entera estuviese constituida por sacerdotes. Pero más tarde, Dios separó a los levitas para que fuesen sacerdotes debido a que el pueblo de Israel había caído en pecado. Cuando la iglesia se tornó mundana, la comisión de servir a Dios le fue confiada a unas cuantas personas. Ahora, Dios anhela que, en la iglesia, todo el pueblo se encargue de los asuntos espirituales.

"El que tiene oído, oiga lo que el Espíritu dice a las iglesias. Al que venza, daré a comer del maná escondido, y le daré una piedrecita blanca, y en la piedrecita escrito un nombre nuevo, el cual ninguno conoce sino aquel que lo recibe" (v. 17). A los vencedores se les promete dos cosas: el maná escondido y una piedrecita blanca. El maná escondido difiere del maná en el desierto. Cuando el pueblo de Israel estaba en el desierto, el maná descendía del cielo diariamente para que ellos comieran de él. Entonces, Moisés les ordenó que reunieran en una urna de oro un gomer de maná y lo guardaran en el arca. Así, cuando las generaciones venideras preguntaran qué era aquello, ellos podrían relatarles cómo Dios hizo descender maná del cielo a fin de alimentarlos mientras se encontraban en el desierto. Ellos guardaron maná en el arca para que les sirviera como evidencia de lo sucedido (Éx. 16:14-35). Aquellos que pertenecían a las generaciones posteriores y que no conocían lo que era el maná, podrían ver el maná en el arca y, entonces, lo conocerían. Pero en el caso de aquellos que comieron del maná mientras estaban en el desierto, el maná escondido suscitaría sentimientos diferentes, pues habían probado de él y al verlo nuevamente, esto despertaría en ellos gratos recuerdos. Pero aquellos que nunca han gustado el maná, aunque sepan lo qué es el maná, no tendrán esta clase de recuerdos memorables. Así pues, a aquel que venza, el

Señor le dará a comer del maná escondido; es decir, ellos podrán disfrutar de tal clase de conmemoración.

Todas las experiencias que tenemos al vivir en presencia de Dios son valiosas y no serán olvidadas. Muchos hermanos me han preguntado si lo que ellos experimentaron en presencia de Dios servirá de algo en la eternidad. Si usted sabe cuál es el significado del maná escondido, entonces sabrá si tales experiencias cumplirán alguna función en la eternidad. Al ver "el maná escondido" podremos recordar el "maná diario". Así pues, toda adversidad que enfrentamos hoy y toda lágrima que derramemos aquí, constituirán una experiencia memorable. Para mí, el maná escondido es el maná que disfruto a diario. Aquellos que jamás vieron el maná no podrán recordarlo el día que vean el maná escondido. Aunque saben lo que es ser dirigidos por la gracia del Señor, no han comido de este maná. Pero aquellos que han comido de él, tendrán muchos recuerdos gratos. El maná escondido representa un principio muy importante en la Biblia y constituye, además, un gran tesoro. Un día comeremos del maná escondido y celestial. Si no fuimos lastimados aquí, simplemente no somos vencedores. Si no hemos tenido que enfrentar adversidades aquí, no tendremos recuerdos de nuestra experiencia para el futuro, aun cuando se nos dé a comer entonces del maná escondido. Nunca digan que las experiencias por las cuales pasamos hoy carecen de sentido. Ninguna experiencia es en vano. En aquel día todos podremos recordar tales experiencias; no debemos pensar que todo da igual una vez que estemos en el reino. ¡No! ¡No es que todo sea lo mismo! Nuestras experiencias aquí guardan estrecha relación con nuestro disfrute en aquel día. El maná escondido es conocido por quienes lo han probado y es desconocido por aquellos que no lo han probado. Si bien hoy pasamos por adversidades y sufrimientos, en aquel día el Señor enjugará nuestras lágrimas. Aquellos que jamás derramaron lágrimas, ¿cómo podrían conocer cuán precioso es que el Señor enjugue sus lágrimas?

Hay, además, otra recompensa: la piedrecita blanca en la cual está grabado el nuevo nombre de los vencedores. El Señor les dará a los vencedores un nuevo nombre, el mismo que corresponde a su verdadera condición delante del Señor.

Un hermano quiere que le cambie de nombre, pero no sé si su nombre deberá ser cambiado nuevamente después de que yo se lo haya cambiado. El Señor inscribirá este nombre en una piedrecita blanca, y sólo usted y el Señor lo conocerán. Aquel que venza no recibirá un nombre especial; más bien, recibirá el nombre que se merece. Es mi esperanza que el Señor abra nuestros ojos y nos permita conocer cuál es el camino que toma un vencedor, y podamos recibir el maná escondido y nuestro nuevo nombre.

CAPÍTULO CINCO

LA IGLESIA EN TIATIRA

Lectura bíblica: Ap. 2:18-29

Ahora procederemos a considerar a Tiatira. Aquí debo dar especial énfasis al hecho de que Éfeso surgió después que la iglesia en la era apostólica dejara de existir, y después de Éfeso, surgió Esmirna, y después de Esmirna, surgió Pérgamo, y después de Pérgamo, surgió Tiatira. Así como la iglesia que existió durante la época de los apóstoles pertenece al pasado, también pertenecen al pasado el período correspondiente a la iglesia en Éfeso, el período de la iglesia bajo persecución y, finalmente, el período que corresponde a Pérgamo. Si bien Tiatira surge con posterioridad a todos estos períodos, la iglesia en Tiatira continuará en existencia hasta el retorno del Señor. Esto sucede no solamente con Tiatira, sino también con Sardis, Filadelfia y Laodicea, las cuales subsistirán hasta el retorno del Señor. En el caso de las tres primeras iglesias no se hace mención del retorno del Señor; pero en el caso de las últimas cuatro iglesias, sí se hace referencia explícita al retorno del Señor. En el caso de la epístola a Laodicea, sin embargo, no se menciona la segunda venida del Señor en un sentido literal debido a una característica particular de esta iglesia, lo cual explicaremos más adelante. En todo caso, las cuatro últimas iglesias existirán hasta que el Señor Jesús retorne.

En la Biblia, el número siete significa compleción. El siete está compuesto de tres más cuatro. Tres es un número que alude a Dios; Dios mismo es tres en uno. Cuatro es el número que alude a las criaturas de Dios; es el número del mundo, pues incluye los cuatro puntos cardinales, los cuatro vientos, las cuatro estaciones, etc. Todos estos componentes de la creación están representados por el número cuatro. Así pues, el número siete representa al Creador y Sus criaturas. Cuando Dios es añadido al hombre, esto representa complección. (Pero esta complección es la complección de este mundo: Dios nunca usa el número siete para referirse a lo que pertenece al ámbito de la eternidad; para ello se usa el número doce, que representa complección en el ámbito de la eternidad. Siete es tres más cuatro, mientras que doce es tres por cuatro. Cuando Dios y el hombre son puestos juntos, ello constituye complección en este mundo. Cuando el Creador y la criatura se unen como una sola entidad, entonces ocurre la complección eterna.) El número siete es siempre tres más cuatro. Las siete iglesias, por ejemplo, se hallan divididas en dos grupos: las tres primeras y las cuatro últimas. En el caso de las tres primeras, no se habla del retorno del Señor, mientras que en el caso de las otras cuatro sí se hace referencia a la segunda venida del Señor. Por tanto, las primeras tres iglesias forman un grupo, mientras que las otras cuatro forman otro grupo. La iglesia en Tiatira es la primera de las últimas cuatro que continuará en existencia hasta que el Señor Jesús regrese.

Tiatira significa "sacrificio aromático", es decir, abundancia de sacrificios continuos. En esta epístola dirigida a Tiatira, el Señor usa palabras cada vez más severas. El Señor afirma que Él tiene *"ojos como llama de fuego"* (Ap. 2:18). Nada puede escapar a Su mirada. Él es la luz; Él mismo es el resplandor. Al mismo tiempo, Él dice que sus pies son *"semejantes al bronce bruñido"* (v. 18). En la Biblia, el bronce simboliza juicio. Aquello que los ojos ven, es juzgado por medio de los pies. Todos los estudiosos de la Biblia están de acuerdo en que Tiatira se refiere a la Iglesia Católica Romana. En este caso ya no se hace referencia a la confusión inicial que resultó del matrimonio entre la iglesia y el mundo, pues tal etapa ya ha concluido. La situación que se describe ahora es mucho más grave y evidente, pues imperan tanto las herejías como los sacrificios. Ciertamente es notorio cuánta importancia le da la Iglesia Católica Romana al comportamiento y a los sacrificios. En la misa ellos presentan su continuo sacrificio.

Conforme a nuestro parecer, no hay nada bueno en la Iglesia

Católica Romana, pero Dios dice: *"Yo conozco tus obras, y amor, y fe, y servicio, y tu perseverancia, y que tus obras postreras son más que las primeras"* (v. 19). El Señor reconoce que en la Iglesia Católica Romana se puede detectar algo de realidad. Madame Guyon, Tauler y Fénelon pertenecieron a la Iglesia Católica Romana, y podríamos mencionar a muchos otros creyentes destacados. Ciertamente, en la Iglesia Católica Romana hay muchos que conocen al Señor. Jamás debiéramos pensar que en la Iglesia Católica Romana no hay una sola persona que sea salva, pues el Señor todavía tiene a algunos de los Suyos allí; tenemos que entender esto claramente delante del Señor.

De lo que debemos percatarnos aquí es el grado de desolación al que ha llegado la iglesia en lo que respecta a su manifestación externa. Primero, vimos el comportamiento de los nicolaítas; después, vimos cómo este comportamiento se desarrolló hasta convertirse en una enseñanza. ¿Cuál es ahora la condición de la iglesia? El Señor dice: *"Pero tengo contra ti que toleras a esa mujer Jezabel, que dice ser profetisa, y enseña y seduce a Mis esclavos a fornicar y a comer cosas sacrificadas a los ídolos"* (v. 20). ¿Quién es Jezabel? Jezabel fue esposa de Acab. La mujer con quien se casó Acab, Jezabel, procedía de un pueblo pagano, los sidonios; esta mujer sedujo al pueblo de Israel a que adorase a Baal (1 R. 16:30-32). Baal era un dios de los gentiles, no era el Dios del pueblo de Israel; sin embargo, Jezabel instó al pueblo a que adorase la imagen de Baal. El problema no era solamente que se tolerasen ciertos ídolos; más bien, el problema radicaba en que Dios fue reemplazado. Es decir, se introdujo la adoración a Baal, y el pueblo lo adoró como su propio dios. En la historia de la nación judía (Israel), hasta lo que se nos relata en 1 Reyes 16, nadie jamás había guiado al pueblo de Israel por un camino tan pecaminoso como lo hizo Acab. Acab fue el primero en guiar al pueblo a la adoración masiva de un dios pagano. Ni siquiera Jeroboam se le compara en cuanto a los pecados cometidos.

Aquí deseamos señalar quién es Jezabel. Jezabel es una mujer. La mujer mencionada en Apocalipsis 17 se refiere a la Iglesia Católica Romana. En Mateo 13:33 la mujer que tomó la levadura y la escondió en tres medidas de harina también representa a la Iglesia Católica Romana. Por tanto, resulta obvio que la mujer mencionada en Apocalipsis 2:20 también represente a la Iglesia Católica Romana.

Dios jamás aprobó el matrimonio entre Su pueblo y los gentiles; de hecho, Él afirma que esto es fornicación. Puesto que Jezabel no era una reina, la unión entre Acab y Jezabel constituía un acto de fornicación. La fornicación implica confusión. A los ojos de Dios, Jezabel era una mujer que tergiversaba las palabras de Dios y sembraba confusión entre Su pueblo. Esta mujer trajo consigo al dios de los gentiles. Ya dijimos que el resultado de la fornicación es idolatría. En el Nuevo Testamento se nos relata de una conferencia celebrada en Jerusalén en la cual, entre otras cosas, se acordó exhortar a los creyentes gentiles a abstenerse de comer de la carne sacrificada a los ídolos y de fornicación (Hch. 15:29). Aquí vemos que la fornicación de Jezabel introdujo ídolos en el reino de Israel.

Por medio de Jezabel, Acab se unió al mundo. Es obvio que la Iglesia Católica Romana busca la unión con los poderes políticos de este mundo. Ella envía embajadores y ministros a diversas naciones e, incluso, cuando surgen conflictos mundiales ella expresa abiertamente sus propias opiniones al respecto. La unión de la iglesia con el mundo es la Iglesia Católica Romana. Ella alega que su primer papa fue el apóstol Pedro. Pero me parece obvio que Pedro respondería que él es solamente discípulo del humilde Jesús de Nazaret y que, por ende, no tiene nada que ver con la gloria y el renombre de este mundo. Sin embargo, la Iglesia Católica Romana mantiene su posición influyente en el mundo y exige al pueblo que le respete como tal. Lo que la Iglesia Católica Romana ha puesto en práctica por más de mil años es, según Jacobo 4:4, equivalente a cometer el más grave de los adulterios. Vemos, pues, que la iglesia dejó de ser una virgen. Hoy tenemos este grupo de personas que piensa que puede sentarse a la mesa de negociaciones políticas debido a que cuenta con numerosos partidarios. Ciertamente, desde la perspectiva humana, negociar con otros poderes representa una especie de avance para la iglesia; pero desde el punto de vista de Dios, la iglesia ha caído en pecado al procurar obtener aquello que es del mundo.

¿Cuál es el resultado? La idolatría. Los hechos están delante de nuestros ojos; no hay una iglesia que tenga tantos ídolos como la Iglesia Católica Romana. Incluso podemos afirmar que la Iglesia Católica Romana fabrica los ídolos de mejor calidad. Al visitar Roma durante un mes, mi constante sentir personal era éste: que si la iglesia de ellos es la iglesia, entonces la nuestra no lo es; y si la nuestra es la iglesia, entonces la de ellos no lo es. No tenemos nada en común que nos lleve a cooperar mutuamente. Pero lo más notable es que ellos han cumplido al pie de la letra lo que está profetizado en la Biblia. Ellos tienen imágenes del Padre, imágenes del Hijo, imágenes de los apóstoles e imágenes de los santos de la antigüedad; ellos adoran a María y veneran a Pedro. Allí, Jezabel enseña a los siervos del Señor a cometer fornicación y a comer de la carne ofrecida a los ídolos. Jezabel es mencionada debido a que esta iglesia ha introducido los dioses de los gentiles. Podemos ver esto en el libro titulado *Mystery* [Misterio] de G. H. Pember. El catolicismo adopta dioses paganos y les pone rótulos cristianos. El caso más evidente es la imagen de María. Algunos piensan que el culto a María es un elemento propio del cristianismo. Pero el hecho es que Grecia tiene una diosa, India tiene una diosa, Egipto tiene una diosa y China tiene una diosa; todas las religiones del mundo poseen una diosa, con excepción del cristianismo. Puesto que debe haber una diosa, la Iglesia Católica dio lugar a la adoración de María. En realidad, en el cristianismo no existe diosa alguna, ya que la noción de una diosa tiene su origen en las religiones de los gentiles. Así pues, esto es idolatría, lo cual se añade a la fornicación espiritual. Esto se refiere al hecho de que Jezabel introdujo elementos propios de los gentiles en el reino de Israel.

Jezabel se llama a sí misma profetisa debido a que desea predicar y enseñar. La posición que ocupa la iglesia delante de Dios es la de una mujer. Siempre que la iglesia toma para sí la autoridad de predicar y enseñar, se comporta como Jezabel. La iglesia no tiene nada que decir; en otras palabras, la iglesia no tiene la palabra. El Hijo de Dios es el Verbo y, por ende, sólo Él tiene la palabra. Cristo es la cabeza de la iglesia; por tanto, sólo Él tiene el derecho de hablar. Siempre que la iglesia se levanta a predicar por sí misma, es la predicación de una mujer. La Iglesia Católica Romana es esta mujer que predica y enseña. En la Iglesia Católica Romana, lo que cuenta y tiene validez es lo que la iglesia tiene que decir, y no lo que la Biblia dice ni lo que el Señor dice. Cabe destacar que Dios afirma que Jezabel se hace llamar profetisa y es una mujer que se levanta a enseñar. En este versículo [v. 20] la expresión "Mis esclavos" hace referencia a individuos. Jezabel toma para sí, pues, la autoridad de dar órdenes a cada uno de los creyentes. Los que pertenecen a la Iglesia Católica Romana no leen la Biblia debido a que temen malinterpretar la Palabra de Dios; según ellos, únicamente los padres pueden entender y exponer la Biblia, por tanto, sólo los padres están capacitados para hacer decisiones. Básicamente, la Iglesia Católica Romana es la mujer que toma para sí la autoridad de predicar y decidir qué es lo que los hijos de Dios deben hacer. Son muchas las doctrinas que han sido alteradas debido a que la Iglesia Católica Romana habla en representación de la iglesia y todos los demás tienen que acatar lo dicho por la iglesia. Ella, pues, le da mucha importancia a la idea de que la gente tiene que escuchar a la iglesia y al papa, en lugar de recalcar que la gente debe escuchar al Señor.

En la historia de la iglesia se registran persecuciones de parte del Imperio Romano y también de parte de la Iglesia Católica Romana. No sabemos cuántas personas fueron muertas a causa de la persecución desatada por la Iglesia Católica Romana en España. Los castigos infligidos por la Inquisición fueron extremadamente crueles; después de haber torturado a las personas hasta llevarlas al borde de la muerte, las entregaban vivas a las autoridades civiles a fin de dejar constancia que ninguna de ellas murió en sus manos. Jezabel siempre encuentra la manera de obligar a las personas a aceptar sus doctrinas. En la historia de la nación judía (Israel) consta solamente una mujer, Jezabel, que mataba a los profetas. Asimismo, en siglos anteriores, el número de los testigos muertos a manos de la Iglesia Católica Romana es incalculable. Ella afirma que todas sus decisiones son infalibles;

además, ella controla lo que le es permitido pensar a sus súbditos. El Señor dijo que el fracaso de Tiatira se debe a que ella dio cabida a la enseñanza de Jezabel.

"Y le he dado tiempo para que se arrepienta, pero no quiere arrepentirse de su fornicación" (Ap. 2:21). Jezabel persiste en mantenerse unida al mundo y en ella impera el comportamiento mundano. *"He aquí, Yo la arrojo en cama"* (v. 22): no en un ataúd, sino en una cama. Si ella hubiese sido arrojada en un ataúd, ello significaría que habría llegado a su fin, pero el hecho de que haya sido arrojada en cama significa que todavía no ha llegado a su fin. Lo que esto significa es que ella no cambiará en lo que le queda de tiempo, pues se trata de un paciente incurable que no puede mejorar su condición. Puesto que continúa en su estado actual, ella es incurable; ésta es la condición en la que se encuentra hoy la Iglesia Católica Romana. En 1926, Mussolini y el papa firmaron un acuerdo entre el Vaticano e Italia en el cual el Vaticano se convirtió en un Estado independiente, con su propio tribunal, su propia policía y demás atribuciones correspondientes. Cada año se añaden más creyentes a la Iglesia Católica Romana. En China, ni una sola iglesia protestante publica periódico alguno, pero la Iglesia Católica Romana es dueña de un periódico; el número de adeptos que ella tiene es tres o cuatro veces mayor que el de las iglesias protestantes. En Apocalipsis 17 vemos las dimensiones que alcanzará esta institución, la cual, sin duda, cada día se hace más y más fuerte. Pero el Señor le dice a los Suyos: "Salid de ella, pueblo Mío" (18:4). ¿Qué dice el Señor con respecto a quienes cometieron adulterio con ella y con respecto a los hijos de ella? *"He aquí, Yo la arrojo en cama, y en gran tribulación a los que con ella adulteran, si no se arrepienten de las obras de ella. Y a los hijos de ella heriré de muerte"* (2:22-23). Probablemente estas palabras se refieren a la destrucción de la Iglesia Católica Romana que será efectuada por medio del anticristo y sus seguidores. *"Y todas las iglesias sabrán que Yo soy el que escudriña las entrañas y los corazones; y os daré a cada uno según vuestras obras"* (v. 23).

"Pero a vosotros, a los demás de Tiatira, a cuantos no tenéis esa enseñanza, y no habéis conocido lo que ellos llaman

las profundidades de Satanás, Yo os digo: No os impondré otra carga; pero lo que tenéis, retenedlo hasta que Yo venga" (vs. 24-25). La expresión "a los demás de Tiatira" da a entender que si bien Jezabel se encuentra en Tiatira, todavía están los demás. Cuando Elías se enteró que Jezabel se había propuesto matarle, se sintió muy desalentado. ¿Qué hizo entonces? Se escondió. Entonces Dios le preguntó: "¿Qué haces aquí, Elías?". Luego, mientras Elías todavía seguía quejándose, el Señor le dijo: "Y Yo hice que quedaran en Israel siete mil" (1 R. 19:9-18). Estos son "los demás de Tiatira". Cuando Jezabel estuvo aquí en la tierra, hubo un Elías; asimismo, en la Iglesia Católica Romana han habido muchos que verdaderamente pertenecían al Señor. Muchos fueron llevados a la hoguera, no solamente en España, sino también en Francia y en Gran Bretaña. La sangre de muchos ha sido derramada por la Iglesia Católica Romana. Éste es una hecho innegable. Hoy en día, la Iglesia Católica Romana sigue esforzándose por perseguir a los creyentes. Damos gracias al Señor que, a pesar de todo ello, todavía hay algunos allí que no tienen esa enseñanza ni han conocido las profundidades de Satanás. La expresión "las profundidades" es la palabra griega *bathos,* que significa misterio. A la Iglesia Católica Romana le encanta usar esta palabra, y ella da cabida a muchos misterios o doctrinas profundas. Estas doctrinas no proceden del Señor, sino de Jezabel. El Señor no impondrá otra carga sobre aquellos que no se adhirieron a tales enseñanzas, pero ellos deben retener lo que tienen. A quien "guarde Mis obras hasta el fin", el Señor no le pide más; pero, "lo que tenéis, retenedlo hasta que Yo venga".

"Al que venza y guarde Mis obras hasta el fin, Yo le daré autoridad sobre las naciones, y las pastoreará con vara de hierro, y serán quebradas como vasijas de barro; como Yo también la he recibido de Mi Padre" (Ap. 2:26-27). Ésta es la primera promesa, pero ¿cuál es el significado de la misma? Todo aquel que cuida ovejas tiene una vara; cuando las ovejas no se portan bien, el pastor puede usar la vara para golpearlas sin excesiva fuerza. Mateo 13:40-42 da a entender que el Señor enviará a Sus ángeles para recoger de Su reino todo lo que sirve de tropiezo; es decir, se valdrá de la fuerza para

purgar de Su reino todo lo que es impropio. Pero esto no quiere decir que durante el milenio ya no habrán naciones, pues sabemos que todavía habrán naciones en aquel tiempo; más bien, valiéndose de la vara de hierro, Dios quebrará todo aquello que es causa de tropiezo.

Dios produce piedras, mientras que el hombre produce ladrillos. Los ladrillos son muy parecidos a las piedras. La torre de Babel estaba hecha de ladrillos. Desde que se construyó la torre de Babel hasta lo que se relata en 2 Timoteo, Dios ha considerado que aquellos que tratan de imitar Sus obras son *vasijas de barro*. Aquí el Señor nos dice que el que venza pastoreará con vara de hierro a las naciones y las quebrará como vasijas de barro. El uso de la palabra "pastoreará" nos da a entender que no se trata de algo que se realiza de una vez por todas, sino que se logra golpeando a las ovejas una por una conforme sea necesario. Esto es pastorear, y esta clase de actividad probablemente continuará hasta que vengan los cielos nuevos y la tierra nueva, lo cual es anunciado por la presencia del reino. En los cielos nuevos y la tierra nueva únicamente mora la justicia. Debido a ello, se hace necesario el uso de la vara de hierro para pastorear a las naciones y para desmenuzar todo aquello que procede de los hombres.

"Y le daré la estrella de la mañana" (Ap. 2:28). Ésta es la segunda promesa. En el idioma chino a esta estrella se le conoce como la estrella del alba. Es decir, cuando la noche parece ser más tenebrosa, justo cuando raya el alba, esta estrella aparece brevemente y entonces sale el sol. Son muchos los que ven el sol naciente, pero muy pocos alcanzan a contemplar la estrella de la mañana. Un día el Señor será conocido por todos los hombres, tal como nos dice Malaquías 4:2: "Nacerá el Sol de justicia". Antes de que todos los demás vean la luz, algunos la verán en medio de la oscuridad; esto es lo que significa recibir la estrella de la mañana. Justo antes de que amanezca, la noche es muy oscura, pero la estrella de la mañana aparece precisamente en tales momentos. El Señor ha prometido que aquel que venza recibirá la estrella de la mañana cuando la oscuridad parezca más tenebrosa, lo cual significa que tal persona verá al Señor y será arrebatada.

Siempre vemos el sol durante el día, pero aquellos que ven la estrella de la mañana son los que deliberadamente se levantan a velar mientras los demás duermen. Ésta es la promesa hecha al vencedor.

"El que tiene oído, oiga lo que el Espíritu dice a las iglesias" (Ap. 2:29). El Señor no solamente se dirige a la Iglesia Católica Romana, sino también a todas las iglesias.

En las primeras tres epístolas, el llamamiento dirigido a aquel que venza va inmediatamente después de la frase: "El que tiene oído, oiga...". Primero se hace referencia a aquel "que tiene oído", e inmediatamente después se hace una promesa a aquel que venza. Pero comenzando con la epístola a Tiatira, la secuencia es la opuesta. Esto prueba que las primeras tres iglesias forman parte de un mismo grupo, mientras que las cuatro últimas forman otro grupo diferente. Existe una diferencia entre un grupo y otro. En el primer grupo vemos que Esmirna surgió una vez concluido el período correspondiente a la iglesia en Éfeso, Pérgamo surgió con posterioridad a Esmirna y, finalmente, Tiatira surgió después de que Pérgamo dejó de existir. Pero ahora, en el segundo grupo, vemos que Sardis surge aun cuando Tiatira no ha dejado de existir. Tiatira continuará en existencia hasta que el Señor regrese. Asimismo, vemos que Filadelfia no surge después que Sardis ha dejado de existir, ni Laodicea surge después que Filadelfia llegó a su fin; más bien, Sardis continúa existiendo incluso después de que Filadelfia ha surgido, y Filadelfia continúa existiendo aun después de que ha surgido Laodicea. Así pues, Tiatira, Sardis, Filadelfia y Laodicea existirán hasta que el Señor Jesús retorne. Las primeras tres surgieron y se desvanecieron; pero las últimas cuatro surgen gradualmente y existen simultáneamente hasta que el Señor retorne.

Capítulo seis

LA IGLESIA EN SARDIS

Lectura bíblica: Ap. 3:1-6

Hemos visto que en las postrimerías de la era apostólica se percibe cierta manera de conducirse que es propia de los nicolaítas. Una vez establecido el proceder de los nicolaítas, vimos que Pérgamo pecó grandemente al introducir el mundo en la iglesia. Después de los nicolaítas vino Jezabel y, al mismo tiempo, se infiltraron los ídolos en la iglesia. Pero he aquí algo que vale la pena destacar: en Tiatira vemos el juicio que es ejecutado sobre Jezabel, pues ella es arrojada en una cama de la que no se puede mover; también vemos que sus seguidores serán muertos a su debido tiempo. Estas profecías, sin embargo, todavía no se han cumplido, pero lo serán cuando caiga Babilonia tal como se describe en Apocalipsis 17. Así pues, la historia de Tiatira comenzó cuando Jezabel introdujo ídolos en la iglesia y concluirá cuando ella sea juzgada en el futuro. Ahora tenemos que ver una cosa: una vez que la iglesia llega a la etapa de Jezabel, en el proceso de degradación continua que se inició con los nicolaítas, Dios ya no puede tolerarla más; entonces, surge Sardis. "Sardis" significa "un remanente". La iglesia en Sardis es, pues, la reacción de Dios a Tiatira. La historia del avivamiento de las iglesias en todo el mundo indica una reacción de parte de Dios. Siempre que el Señor da inicio a una obra de avivamiento espiritual, Él está reaccionando. En este sentido, la reacción de Dios equivale a que el hombre sea recobrado. Quisiera pedirles que siempre recuerden este principio. Sardis surge porque el Señor ha visto la condición en la que se encuentra Tiatira.

En Apocalipsis, varias de estas iglesias están en pares. Sardis está vinculada a Éfeso, Filadelfia a Esmirna y Laodicea a Pérgamo. Únicamente Tiatira permanece sola. Al dirigirse a Sardis, el Señor declara Su nombre: *"El que tiene los siete Espíritus de Dios, y las siete estrellas, dice esto: Yo conozco tus obras, que tienes nombre de que vives y estás muerto"* (Ap. 3:1). En la epístola dirigida a Éfeso el Señor dice que Su diestra sostiene a las siete estrellas, mientras que aquí, en la epístola a Sardis, Él declara que tiene las siete estrellas. Éfeso representa la decadencia que ocurrió después de los apóstoles, es decir, representa la transición de algo bueno a algo malo; mientras que Sardis representa el recobro efectuado a partir de Tiatira, es decir, la transición de algo malo a algo bueno. Éfeso abunda en obras, pero carece de amor; Sardis tiene nombre de que vive, pero en realidad está muerta. Así pues, estas dos iglesias forman un par. El Señor se presenta como Aquel que tiene los siete Espíritus. Los siete Espíritus de Dios son enviados al mundo por Dios para llevar a cabo Su obra, con lo cual se hace referencia a la obra que realiza la vida divina. En Éfeso las siete estrellas se refieren a los mensajeros, mientras que aquí aluden al resplandor mismo. Así pues, la obra de recobro se realiza una mitad en el Espíritu y la otra mitad en la luz.

Sardis se parece a Tiatira en el hecho de que abarca un extenso período de tiempo: desde el surgimiento de las iglesias de la Reforma hasta la segunda venida del Señor. Si bien el período que corresponde a Sardis no es tan prolongado como el de Tiatira, dicho período no sólo abarca la iglesia en los tiempos de la Reforma, sino también la historia de la iglesia posterior a la Reforma.

"Yo conozco tus obras, que tienes nombre de que vives, y estás muerto." Tengo la certeza de que nadie negaría que Martín Lutero ha sido un siervo del Señor y que la Reforma ha sido obra de Dios. La Reforma fue una gran obra y representa la reacción divina a la situación que imperaba entonces. Ciertamente el Señor usó a Lutero como Su portavoz; él fue una persona especialmente elegida por Dios. Cuando surge Lutero, la Reforma era simple y completamente Sardis. Su propósito era únicamente llevar a cabo un recobro. El Señor no dice que la obra de Lutero no haya sido buena; más bien, Él afirma que fue incompleta. Fue una obra buena, pero no lo

suficientemente buena. A los ojos del Señor, Él no pudo encontrar en ella nada que fuese completo: todo en ella es una obra inconclusa. Pero el Señor es un Señor que culmina lo que emprende, por lo cual Él requiere que haya compleción. Por este motivo, tenemos que pedirle revelación.

La cuestión de la justificación fue resuelta a raíz de Lutero. La justificación es por la fe, y tenemos paz con Dios en virtud de la fe. Lutero no solamente trajo a la luz la justificación por la fe, sino que también hizo que hubiera libre acceso a la Biblia. En Tiatira, la autoridad se halla en manos de Jezabel, o sea, en manos de la iglesia, ya que la autoridad estriba en aquello que la iglesia declara y no en la palabra del Señor. Todo depende de lo que la madre iglesia dice: todos los miembros de la Iglesia Católica Romana hacen caso a la madre iglesia. Así que el Señor afirma que aniquilará a tales "hijos". Ustedes se fijan en la madre, pero el Señor habla de los hijos. Lutero sacó a la luz lo que el Señor dice y lo que la Biblia dice. A raíz de ello, ahora los hombres tienen acceso a la palabra de Dios y pueden entender lo que Dios mismo, no Roma, dice al respecto. Cuando tenemos libre acceso a la Biblia, toda la iglesia es iluminada.

Sin embargo, existe un problema: el protestantismo no nos legó una iglesia apropiada. Como resultado de ello, siempre que la doctrina de la justificación por la fe y el libre acceso a la Biblia eran adoptados en algún país, surgía allí una iglesia oficial bajo los auspicios del Estado. Así pues, los luteranos se convirtieron en la iglesia nacional en muchos países. Después, en Inglaterra surgió la Iglesia Anglicana como iglesia nacional. A raíz de lo sucedido en Roma, la naturaleza misma de la iglesia fue alterada. A pesar de la difusión de la doctrina de la justificación por la fe y el libre acceso a la Biblia, las iglesias protestantes todavía seguían sin comprender lo que la iglesia debía ser. Si bien las iglesias protestantes propugnaban la doctrina de la justificación por la fe y el libre acceso a la Biblia, ellas todavía seguían el ejemplo dejado por Roma y no retornaron a la iglesia de los comienzos. Así que, durante el tiempo de la Reforma la cuestión de la iglesia aún quedaba sin resolverse. Lutero no emprendió la reforma de la iglesia. El propio Lutero dijo que no debíamos pensar que bastaba con predicar la doctrina de la justificación por la fe, sino que aún había muchas otras cosas que necesitaban ser cambiadas. A pesar de ello, los miembros de las iglesias protestantes se detuvieron allí. Lutero no se detuvo, pero las iglesias protestantes se detuvieron en tales asuntos y afirmaron que eso era todo lo que necesitaba ser reformado. Si bien ellos retornaron a la fe de los comienzos de la iglesia, la iglesia misma permaneció igual. Antes de ellos sólo existía la iglesia internacional de Roma, ahora existía también la iglesia nacional de Inglaterra o la iglesia nacional de Alemania: eso era todo.

Hermanos, ¿se habían percatado de esto? La Reforma no hizo que la iglesia volviese a su condición inicial; más bien, simplemente hizo que la iglesia mundial se convirtiera en varias iglesias nacionales. Así como Tiatira es condenada por crear una iglesia mundial, Sardis es condenada por crear iglesias nacionales o estatales. "Tienes nombre de que vives, y estás muerto." La Reforma fue un movimiento lleno de vida, pero allí todavía se alojaban muchas cosas muertas.

Posteriormente, surgieron varios grupos "disidentes", tales como la Iglesia Presbiteriana y otros grupos parecidos. Por un lado estaba la Iglesia Católica Romana, y por otro, las iglesias protestantes. Entre las iglesias protestantes, además de aquellas establecidas en función de una determinada nación, existían también las iglesias establecidas en función de una determinada doctrina o corriente de opinión. Estos disidentes no fijan sus límites basados en la nación a la que pertenecen, sino que delimitan sus propias "fronteras" basados en ciertas doctrinas. Por ende, son dos las categorías en las que se puede clasificar a las iglesias protestantes: las iglesias de índole nacional y las iglesias de índole privada. En la actualidad resulta evidente la unión entre la iglesia y el Estado que existe en países como Alemania, Inglaterra y otros. Desde Roma se administra una iglesia que abarca el mundo entero, mientras que Gran Bretaña, Alemania, etc. son la sede de iglesias nacionales. Los reyes y jefes de estado de diversas naciones se rehúsan a acatar lo que les dice el papa de Roma, pero ellos mismos quieren que los demás los escuchen. En lo que respecta a la política, ellos quieren ser reyes; y en lo que respecta a la religión, también quieren ser reyes. Como resultado de ello surgieron las iglesias nacionales auspiciadas por sus respectivos Estados; ante lo cual, la gente jamás se preguntó cómo la Biblia describe a la iglesia. La gente, pues, no acudió a la Biblia para determinar si era bíblico o no la existencia de las iglesias nacionales. Después, también surgieron las iglesias privadas. Las iglesias privadas se establecieron a raíz de que se quiso ensalzar una determinada doctrina, al punto de que algunos se separaron de todos aquellos que no estuviesen de acuerdo con la misma. La Iglesia Bautista surgió a raíz de que alguien comprendió la doctrina concerniente al bautismo apropiado; la Iglesia Presbiteriana surgió a raíz de que alguien comprendió la doctrina concerniente al cuerpo de ancianos en la iglesia. Así pues, dichas iglesias no fueron establecidas a raíz de que alguien supiera qué es la iglesia, sino que surgieron en conformidad con un determinado sistema. Según lo que el Señor nos dice, ninguna de estas dos clases de iglesias protestantes —la nacional y la privada— ha retomado el propósito de la iglesia en sus orígenes. Esta afirmación hecha por el Señor tiene repercusiones muy significativas.

"Sé vigilante, y afirma las cosas que quedan, las que están a punto de morir" (v. 2). Estas palabras hacen referencia a la justificación por la fe y al libre acceso a la Biblia, así como a la medida de vida divina que la iglesia obtuvo a raíz de tales avances. Considerando toda la historia de Sardis, el Señor vio que tales cosas estaban a punto de morir y, por tanto, le dijo a Sardis: "Afirma las cosas que quedan, las que están a punto de morir". Hoy en las iglesias protestantes, aun cuando se tiene libre acceso a la Biblia, los preceptos establecidos por los hombres todavía siguen vigentes. Por tanto, el Señor dijo: "No he hallado que tus obras hayan sido acabadas delante de Mi Dios" (v. 2). Incluso lo que ellos ya han logrado es incompleto. Algunas de sus obras simplemente no han sido acabadas; eran incompletas desde un comienzo. *"Acuérdate, pues, de cómo las has recibido y oído; y guárdalas, y arrepiéntete"* (v. 3).

¿Acaba así la historia de las iglesias protestantes? ¡No! La historia de las iglesias protestantes es una historia de avivamientos. Cuando Lutero dio inicio a la Reforma, muchos fueron salvos, avivados y recobrados en gran manera. Una de las características de las iglesias protestantes es el "recobro" que ocurre en ellas. Ciertamente desconocemos la extensión que alcanzará la operación del Espíritu Santo. Cuando Lutero logró algunas reformas, surgió la Iglesia Luterana. Cuando salió a la luz la verdad concerniente a un cuerpo de ancianos, surgió la Iglesia Presbiteriana. Y cuando surgió el ministerio de John Wesley, fue establecida la Iglesia Metodista. Hoy en día en el mundo todavía hay infinidad de pequeñas iglesias. Ya en 1914 se podía enumerar más de mil quinientas iglesias.

Damos gracias al Señor que la iglesia en Sardis recibió frecuentemente la bendición de Dios; pero después que dicha bendición era otorgada, los hombres siempre organizaban algo que sirviera como recipiente de tal bendición. Y aunque ellos seguían gozando la bendición del Señor, la esfera de dicha bendición sólo abarcaba una extensión limitada. Las iglesias protestantes, pues, son como una copa. Al inicio de los avivamientos, la gente va donde hay agua viva. Si el Espíritu Santo se mueve en cierta dirección, las personas también van en aquella misma dirección. Ante ello, los hombres crean una copa con la esperanza de poder conservar el agua viva sin pérdida alguna. La ventaja de hacer esto es que permite que se mantenga dicha gracia, pero ello tiene como desventaja que sólo haya una copa de bendición. Esta copa estaba llena para los de la primera generación; pero para los de la segunda generación esta copa estaba llena sólo hasta la mitad, y comenzaba la confusión. Cuando surgía la tercera, la cuarta o la quinta generación, ya no había agua viva y sólo quedaba una copa vacía. Ante tal situación, entre las diversas denominaciones empezaban las discusiones con respecto a cuál copa era la mejor, aun cuando ya ninguna de ellas servía para quienes quisieran beber. ¿Cuál era el resultado? Que Dios reaccionaba nuevamente y surgía otra Sardis. Ésta es la historia de los avivamientos. Cuando la gracia de Dios se manifiesta, de inmediato los hombres establecen una organización a fin de conservar tal gracia. Después de algún tiempo, tal organización permanece, pero lo que era su contenido se ha desvanecido. Sin embargo, la copa es inquebrantable, pues siempre hay alguien que continua y celosamente intenta conservarla intacta. He aquí un principio: que los discípulos de Wesley jamás lograrán igualar a Wesley, ni los discípulos de Calvino podrán igualar a Calvino. Las escuelas de los profetas rara vez produjeron profetas: todos los grandes profetas fueron elegidos por Dios, quien los trajo desde el desierto. El Espíritu de Dios desciende sobre el que le plazca. Él es la cabeza de la iglesia, no los hombres. Los hombres siempre piensan que el agua viva, por ser muy valiosa, requiere de una organización para su conservación; pero el hecho es que tal agua viva va mermando a través de las generaciones hasta que se agota por completo. Pero después que ésta se ha desvanecido, el Señor nuevamente nos provee de agua viva en el desierto.

Por un lado, hay un avivamiento: ¡alabado sea el Señor!; pero por otro, delante del Señor, es necesario reprender a la iglesia porque no ha retornado a los orígenes. Las iglesias protestantes experimentan avivamientos continuamente, pero el Señor afirma que ellas no son perfectas, pues no han retornado a los orígenes. Tenemos que recordar qué era lo que existía en los comienzos. El problema no radica en cómo recibimos y oímos actualmente, sino cómo recibimos y oímos en los comienzos. En el segundo capítulo de Hechos muchos fueron salvos, y el Señor dijo que ellos perseveraban en la enseñanza y en la comunión de los apóstoles, en el partimiento del pan y en las oraciones. No dice que ellos perseveraban en el partimiento del pan y en las oraciones de los apóstoles, sino en la enseñanza y en la comunión de los apóstoles. La comunión de Cristo es la comunión de los apóstoles; la enseñanza de Cristo es la enseñanza de los apóstoles. Dios considera que únicamente la comunión de los apóstoles es verdadera comunión, y que solamente la enseñanza de los apóstoles es verdadera enseñanza. Nosotros no podemos inventar otra comunión ni otra enseñanza. El error de Tiatira consistió en manufacturar su propia enseñanza, puesto que Jezabel estaba allí. Dios no quiere que inventemos nada; Él sólo quiere que recibamos. En el siglo veinte todo puede inventarse, menos la enseñanza. En la esfera del Espíritu, ciertamente podemos hablar de descubrimientos, pero en cuanto a la enseñanza no debe haber invención alguna. Tenemos que tomar en cuenta lo que hemos recibido, lo que hemos oído, y debemos aferrarnos a ello y arrepentirnos.

"Vendré como ladrón, y no sabrás a qué hora vendré sobre ti" (v. 3). De acuerdo al griego original, aquí "vendré" implica descender, y la palabra que se tradujo "sobre" en "sobre ti" es la palabra griega *epi*, la cual significa "descenderé a tu lado", no encima de ti, sino a tu lado. Así pues, la manera en que este ladrón desciende implica que vendrá *epi* es decir, mientras nosotros estamos aquí, nos acecha estando a nuestro lado. El Señor elige muy sabiamente las palabras que se usan en este versículo, el cual podríamos traducir como diciendo: "Vendré y pasaré a tu lado, pero tú no lo notarás".

El ladrón no viene a hurtar objetos sin valor, sino que él siempre hurta lo que es valioso, lo mejor. El Señor también sustraerá lo más valioso que hay en la tierra, lo mejor; y ello está en Sus manos, no es ajeno a Él. Nosotros estamos en la casa: uno será tomado, y el otro será dejado. Así pues, el Señor dice que cuando uno menos se lo espere, Él vendrá. El Señor Jesús regresará pronto. Ese día se acerca. Quiera Él que seamos lo suficientemente preciosos como para ser "hurtados" por el Señor.

"Pero tienes unas pocas personas en Sardis que no han contaminado sus vestiduras; y andarán conmigo en vestiduras blancas, porque son dignas" (v. 4). Jacob trajo setenta almas a Egipto (Éx. 1:5). Por lo general, la Escritura hace referencia a determinado número de hombres o almas. Pero aquí, el Señor dice "unas pocas personas" [lit., unos pocos nombres]; vemos pues que el Señor da importancia a nuestros nombres. Él afirma que unas cuantas personas conocidas por Él no han contaminado sus vestiduras. Estas vestiduras representan nuestras obras justas. Al comparecer ante Dios, nos revestimos de Cristo, pues Cristo es nuestra vestidura blanca. Sin embargo, aquí no comparecemos directamente ante Dios, sino ante el tribunal de Cristo (Ro. 14:10). Por tanto, aquí no nos revestimos de Cristo, sino que nos vestimos de "lino fino, resplandeciente y limpio; porque el lino fino es las acciones justas de los santos" (Ap. 19:8). Hay unos pocos nombres que no han contaminado sus vestiduras; esto equivale a decir

que tales personas manifiestan un comportamiento limpio y puro. Ellas andarán con el Señor, quien las considera dignas.

"El que venza será vestido de vestiduras blancas; y nunca borraré su nombre del libro de la vida, y confesaré su nombre delante de Mi Padre, y delante de Sus ángeles" (3:5). La cuestión aquí no es si el nombre se halla escrito en el libro de la vida, sino si dicho nombre será confesado delante del Padre. Aquellos cuyo nombre sea confesado por el Señor, serán partícipes de algo; mientras que aquellos cuyo nombre no sea confesado por el Señor, no podrán participar de ello. Los nombres están escritos en el libro de la vida, pero el nombre que no sea confesado por el Señor es como aquel que ha sido marcado en la lista. Tal persona no podrá ser partícipe. El problema aquí no radica en si uno posee la vida eterna por la eternidad, sino en si uno podrá reinar con el Señor. Ciertamente sería muy lamentable estar en la lista pero no poder participar. Quiera el Señor manifestar Su gracia sobre nosotros para que podamos vestir vestiduras blancas delante de Él. Ciertamente tenemos la vestidura blanca con la cual nos podremos presentar delante de Dios, pero ¿qué acerca de las vestiduras blancas para comparecer ante el tribunal de Cristo?

DIAGRAMA SISTEMÁTICO DE LA HISTORIA DE LA IGLESIA

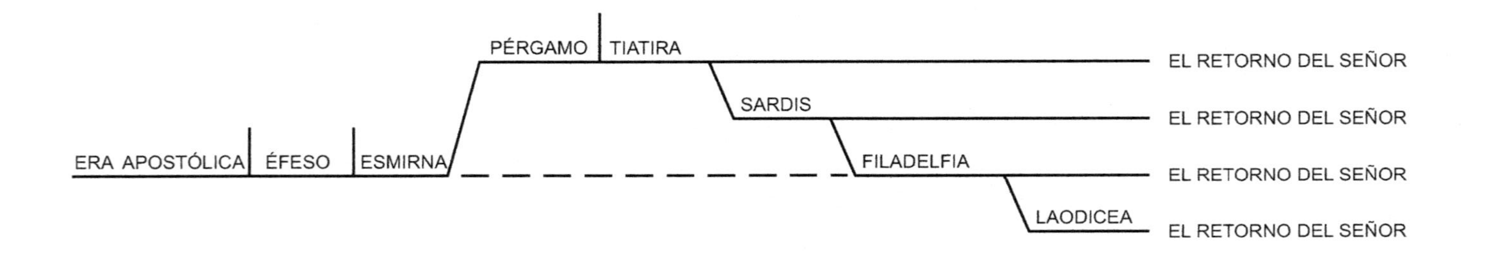

CAPÍTULO SIETE

LA IGLESIA EN FILADELFIA

Lectura bíblica: Ap. 3:7-13; Mt. 23:8-11; Jn. 20:17; 1 Co. 12:13; Gá. 3:28

Hemos querido presentarles un diagrama sistemático que probablemente nos ayude a entender mejor el tema. La primera parte de dicho diagrama representa a la iglesia en la era apostólica. Si bien Éfeso era una iglesia que había caído en cierta decadencia, ella se mantuvo en la misma línea, puesto que el propio Señor reconoció que la iglesia en Éfeso es la continuación de la iglesia apostólica. Después surgió Esmirna, la cual también se mantuvo en la misma línea. En realidad, Esmirna es una iglesia que padeció intensa tribulación; ella no recibió elogios ni tampoco fue reprendida. Sin embargo, algo ocurrió al surgir Pérgamo. Pérgamo no se mantuvo fiel a la ortodoxia establecida por los apóstoles, sino que se unió al mundo y se degradó significativamente. Si bien ella vino después de Esmirna, Pérgamo no se mantuvo fiel a la ortodoxia establecida por los apóstoles. Puesto que Pérgamo dio tal giro, Tiatira no hizo mas que seguir el mismo rumbo; Tiatira se mantuvo en la misma línea que Pérgamo, un curso de acción diferente al fijado por los apóstoles. Sardis procede de Tiatira y ella también representó un cambio significativo, pero esta vez para retornar al curso original de la iglesia primitiva. Tiatira subsistirá hasta que el Señor retorne, al igual que Sardis.

Ahora queremos presentar a la iglesia en Filadelfia. Filadelfia es la iglesia que retorna a la ortodoxia establecida por los apóstoles. Ciertamente Filadelfia también representa un cambio significativo, un giro de regreso a la postura que encontramos en la Biblia al inicio. Este giro para recobrar lo que se había perdido comenzó con Sardis y es completado por Filadelfia. Ahora, con Filadelfia, la iglesia nuevamente se encuentra siguiendo la misma línea recta que había sido fijada en la era de los apóstoles. Filadelfia procede de Sardis; Filadelfia no representa la Iglesia Católica Romana ni las iglesias protestantes, sino la continuación de la iglesia de la era apostólica. Después surgió Laodicea, de la cual hablaremos en el siguiente capítulo. Ahora nos detendremos a examinar más detalladamente qué es Filadelfia, y es nuestro deseo poder entender claramente lo que ella representa.

Entre las siete iglesias, cinco son reprendidas y dos no. Las dos iglesias que no reciben reprensión son Esmirna y Filadelfia. El Señor únicamente aprueba a estas dos iglesias. Ciertamente es notable que las palabras que el Señor dirige a Filadelfia sean muy similares a las que dirigió a Esmirna. El problema que Esmirna tuvo que enfrentar era el judaísmo, y lo mismo sucedió con Filadelfia. A la iglesia en Esmirna, el Señor le dijo: "Para que seáis probados" (Ap. 2:10), y a la iglesia en Filadelfia, el Señor le dijo: "Yo también te guardaré de la hora de la prueba que ha de venir sobre toda la tierra habitada, para probar a los que moran sobre la tierra" (3:10). Asimismo, el Señor habló a ambas iglesias acerca de la corona que habrían de recibir. A Esmirna le dijo: "Yo te daré la corona de la vida" (2:10), y a Filadelfia le dijo: "Retén lo que tienes, para que ninguno tome tu corona" (3:11). En las dos iglesias resultan evidentes estos dos aspectos, cuya similitud nos muestra que ambas se encuentran en la misma línea, es decir, en la línea que se ciñe a la ortodoxia de la iglesia apostólica. Ciertamente la iglesia en Sardis representó cierto grado de recobro, pero un recobro incompleto. Sin embargo, Filadelfia lleva a cabo dicho recobro al punto en que llega a satisfacer el deseo del Señor. La iglesia en Filadelfia no solamente no recibe reprensión alguna, al igual que Esmirna, sino que además, es elogiada. La línea recta que hemos trazado en el diagrama representa, pues, el curso que los elegidos de Dios mantienen. Sabemos que el Señor eligió a Filadelfia. Filadelfia se ciñe a la ortodoxia establecida por los apóstoles. Filadelfia retorna al nivel de Esmirna. Por ende, las palabras que el Señor le dirige a Filadelfia son específicamente para que nosotros las guardemos y obedezcamos. El giro negativo que dieron tanto Pérgamo como Tiatira se alejó tanto del curso inicial que cuando surgió Sardis, ella no pudo efectuar un recobro completo pese a los grandes logros que obtuvo. Aun cuando Sardis representó un giro en procura de efectuar tal recobro, ella no logró dicho objetivo. Filadelfia, en cambio, representa un recobro completo. Espero que veamos esto con absoluta claridad.

En el griego, *Filadelfia* se compone de dos vocablos. El primero significa "amaos los unos a los otros", y el segundo significa "hermano". Por tanto, Filadelfia significa "amor fraternal". Así pues, "amor fraternal" es la profecía del Señor. Efectuar sacrificios es el rasgo distintivo de Tiatira y su cumplimiento se halla en la Iglesia Católica Romana, mientras que efectuar una obra de recobro es el rasgo distintivo de Sardis y su cumplimiento se halla en las iglesias protestantes. Ahora el Señor nos dice que hay una iglesia que ha sido completamente recobrada y que Él elogia. Aquellos que leen la Biblia deberán preguntarse: ¿Quiénes conforman esta iglesia actualmente? ¿Dónde podemos hallarla en el curso de la historia? No debemos dejar estas preguntas sin una respuesta completamente satisfactoria.

Ya he hecho referencia al comportamiento propio de los nicolaítas así como a la enseñanza de los nicolaítas, presente en la iglesia en Éfeso y en la iglesia en Pérgamo respectivamente. Además, he indicado cómo es que estas personas representan una clase de sacerdotes mediadores. Entre los israelitas únicamente los levitas podían ser sacerdotes, y el resto del pueblo no podía serlo. Pero en la iglesia, todos los hijos de Dios son sacerdotes. Tanto en 1 Pedro 2 como en Apocalipsis 5 se nos afirma claramente que todos los que han sido comprados con la sangre de Cristo son sacerdotes. A pesar de ello, los nicolaítas específicamente han creado el oficio sacerdotal. De este modo, los laicos (los creyentes comunes y corrientes) tienen que ir al mundo para desempeñar un determinado trabajo que les permita hacerse cargo de los asuntos seculares, mientras que los sacerdotes están por encima de los laicos y son los encargados de los asuntos espirituales. Ahora reiteraré algo con respecto a la existencia de una clase mediadora. Los judíos se aferran al judaísmo, mientras que los nicolaítas, partiendo de cierto comportamiento característico, han desarrollado una enseñanza. Así pues, resulta evidente la existencia de una clase conformada por “padres”. Ellos se encargan de los asuntos espirituales, mientras que los demás creyentes se encargan de los asuntos terrenales. Así, es tarea de esta clase mediadora la imposición de las manos, o sea, solamente ellos pueden dar bendiciones. Si necesitamos dirección espiritual con respecto a cierto asunto, no podemos acudir a Dios directamente, sino que tenemos que pedirles a esta clase mediadora que indague ante Dios en nuestro lugar. En tiempos de Sardis, la situación mejoró un poco. El sistema de “padres” fue abolido, pero en lugar de ello surgió el sistema clerical. Entre las iglesias protestantes hay iglesias nacionales muy estrictas como también hay una diversidad de iglesias privadas que se hallan dispersas en diversos lugares. Sin embargo, ya sea que se trate de una iglesia nacional o privada, en todas ellas podemos distinguir la existencia de una clase mediadora. La primera clase de iglesias, las nacionales, cuentan con un sistema clerical, mientras que la segunda categoría, las iglesias privadas, tienen un sistema pastoral. Este sistema, en el que hay una clase sacerdotal mediadora, es rotundamente rechazado por el Señor, ya sea que se llamen padres, ministros o pastores. En realidad, las iglesias protestantes representan otra manera de dar continuación a la enseñanza de los nicolaítas que se hallaba presente en Pérgamo. Si bien en las iglesias protestantes a nadie se le llama “padre”, en principio, los clérigos y los pastores son exactamente la misma cosa. Aun si ellos cambian de nombre y se hacen llamar obreros, siempre y cuando asuman la misma posición clerical, ellos manifiestan el mismo “sabor”.

Ya les he mostrado numerosos pasajes bíblicos que nos permiten afirmar que todos los creyentes son sacerdotes; sin embargo, todavía persiste una discrepancia entre Dios y los hombres. Puesto que Dios afirma que todos los miembros de la iglesia son aptos para ejercer el sacerdocio, ¿por qué los hombres afirman que la autoridad espiritual únicamente se encuentra en manos de una clase mediadora como la conformada por los "padres"? Reitero, todo aquel que ha sido redimido por la sangre de Cristo es un sacerdote. ¿Por qué el Señor, en lugar de reprender a Filadelfia, la elogia? Debemos recordar que en Pérgamo se dio inicio a una clase mediadora y que dicha práctica se puede ver en Roma; allí están los papas, quienes ejercen señorío sobre los demás, las autoridades eclesiásticas y el Vaticano (el palacio eclesiástico) con sus altos oficiales, etc. Pero el Señor nos dijo: "Todos vosotros sois hermanos". Debemos asirnos firmemente de Mateo 23:8 y 20:26. En la Biblia no encontramos ningún sistema pastoral. El Señor dijo: "Y no llaméis padre vuestro a nadie en la tierra; porque uno es vuestro Padre ... Ni seáis llamados preceptores; porque uno es vuestro Preceptor, el Cristo" (23:9-10). Pero la Iglesia Católica Romana utiliza el apelativo "padre", mientras que las iglesias protestantes usan el apelativo "pastor". En el siglo diecinueve hubo un gran avivamiento mediante el cual se abolieron las clases mediadoras. Surgió un recobro significativo después de Sardis: los hermanos se amaban mutuamente y la clase mediadora fue abolida en la iglesia. En esto consiste Filadelfia.

En 1825 en Dublín, la capital de Irlanda, hubo un grupo de creyentes a quienes Dios movió a amar a todos los hijos del Señor, independientemente de la denominación a la que pertenecieran. Esta clase de amor prevaleció por encima de los muros de separación creados por las denominaciones. Ellos comenzaron a ver que en las Escrituras, Dios afirma que hay un solo Cuerpo de Cristo, independientemente de la cantidad de sectas en que los hombres hayan querido dividirlo. Al profundizar más en las Escrituras, ellos vieron que el sistema según el cual una sola persona administra los asuntos de la iglesia y una sola persona predica en la congregación, no es un sistema que se conforme a la Biblia. Así pues, ellos comenzaron a reunirse el día del Señor para partir el pan y orar. En 1825, después de más de mil años de existencia de la Iglesia Católica Romana y varios cientos de años después del surgimiento de las iglesias protestantes, hubo un retorno inicial a la adoración sencilla, libre y espiritual que se conforma a las Escrituras. Al comienzo eran apenas dos personas, después fueron cuatro o cinco.

A los ojos del mundo, estos creyentes eran humildes y desconocidos; pero el Señor estaba en medio de ellos, y ellos experimentaban la consolación del Espíritu Santo. Estos creyentes se cimentaron en dos verdades muy claras: primero, la iglesia es el Cuerpo de Cristo, y el Cuerpo es uno solo y único; segundo, en el Nuevo Testamento no existe un sistema de clérigos, o sea, no es bíblico que los hombres ordenen o designen a ciertas personas como ministros de la Palabra. Ellos creían firmemente que todo verdadero creyente es miembro de este único Cuerpo. Recibían cordialmente a todos los que quisieran unírseles, independientemente de la denominación a la que pertenecían, pues ellos no aceptaban división alguna. Ellos creían firmemente que todo verdadero creyente debía ejercer el oficio sacerdotal y podía entrar libremente al Lugar Santísimo; también creían que el Señor en ascensión le otorgó diversos dones a la iglesia para el perfeccionamiento de los santos, para la edificación del Cuerpo de Cristo. Por tanto, ellos se apartaron de los dos grandes pecados cometidos por los sistemas clericales: el ofrecimiento continuo de sacrificios y el que una sola persona predicara la Palabra. Bajo estos principios, ellos pudieron recibir a todo aquel que fuese un hermano en Cristo y a todos aquellos ministros de la Palabra que el Espíritu Santo ordenó para dicho servicio.

En aquel tiempo, había un clérigo de la Iglesia Anglicana llamado John Nelson Darby que estaba muy insatisfecho con la postura adoptada por su propia iglesia, pues no le parecía bíblica. Este clérigo también empezó a reunirse frecuentemente con los hermanos, pero en aquel entonces él asistía vestido con el uniforme de los clérigos anglicanos. Este hermano era un hombre de Dios, poderoso y dispuesto a afrontar sacrificios. Además, era una persona espiritual, conocedora de Dios y la Biblia, y una persona que mantenía sojuzgada su carne. En 1827 Darby oficialmente dejó la Iglesia Anglicana, se despojó de su uniforme de clérigo y empezó a reunirse con los otros hermanos como un hermano más. Inicialmente, los hermanos que se reunían así recibieron cierta medida de revelación, pero cuando Darby se les unió, la luz celestial irrumpió en torrentes. En muchos aspectos la obra realizada por Darby fue muy similar a la realizada por Wesley, pero la postura de Darby con respecto a la Iglesia Anglicana fue muy diferente a la de Wesley. Un siglo antes, Wesley no tuvo paz para dejar la iglesia nacional; ahora, un siglo después, Darby no tuvo paz para permanecer en la Iglesia Anglicana. Pero en lo que respecta al celo, la integridad y la fidelidad manifestada por ellos, ambos fueron muy parecidos en numerosos aspectos.

Fue en ese mismo año que J. G. Bellett también comenzó a reunirse con los hermanos. Él también era una persona muy espiritual y de profundo discernimiento. Participar de esta clase de reunión, tan simple y sin embargo, estrictamente bíblica, lo conmovió profundamente. Al referirse a la condición en la que se encontraba tal asamblea en aquellos tiempos, él escribió:

> Un hermano acababa de decirme que según él infería de las Escrituras, resultaba obvio que los creyentes, al reunirse como discípulos de Cristo, poseían la libertad de partir el pan juntos tal como su Señor les instaba a hacerlo; además, si nos guiamos por la práctica desarrollada por los apóstoles, deberíamos dedicar todos los domingos a recordar la muerte del Señor y obedecer el mandamiento que Él nos dejó al partir.

En otra ocasión, J. G. Bellett dijo:

> Cierto día andaba con otro hermano por la calle Lower Pembroke y él me dijo: “Tengo la certeza de que esto es lo que desea Dios de nosotros: que nos reunamos en toda sencillez como discípulos, sin depender de predicador o ministerio alguno, sino confiando en que el Señor habrá de edificarnos conjuntamente al ministrar Él mismo en medio nuestro tal como a Él le plazca y considere conveniente”. En el momento en que escuché estas palabras, tuve la certeza en mi alma que había vislumbrado la idea cierta, y recuerdo exactamente ese momento como si hubiese sido ayer; incluso podría mostrarles el lugar exacto donde ello ocurrió, pues tal evento representó para mí, por decirlo así, el nacimiento de mi conciencia como hermano.

De esta manera los hermanos fueron avanzando, a tientas y gradualmente, a medida que iban recibiendo más y más revelación, más y más luz. Al año de haber dejado la Iglesia Anglicana, en 1828, Darby publicó un libro bastante breve titulado *The Nature and Unity of the Church of Christ* [La naturaleza y unidad de la iglesia de Cristo]. Este librito sería el primero de miles que los hermanos publicarían. En este libro, Darby declaró claramente de que los hermanos no tenían ninguna intención de establecer una nueva denominación ni una nueva confederación de iglesias. Él escribió:

> En primer lugar, lo que se quiere no es una agrupación formal que reúna a grupos que manifiestan determinada profesión de fe; de hecho, es de sorprender que protestantes concienzudos procuren tal clase de agrupación: lejos de ser de beneficio alguno, me parece que ello haría imposible para tal grupo ser reconocido como la iglesia de Dios. Ello sería semejante a la unidad romana, con lo cual perderíamos la vida de la iglesia y el poder de la palabra de Dios y estaríamos completamente excluidos de la unidad propia de la vida espiritual ... La verdadera unidad es la unidad del Espíritu, y dicha unidad tiene que ser forjada mediante la operación del Espíritu ... Ninguna reunión que no sea establecida con el fin de incluir a todos los hijos de Dios sobre la base del reino del Hijo, podrá recibir plena bendición, debido a que no ha percibido la bendición en su plenitud, es decir, tal clase de fe no abarca la bendición en toda su plenitud ... Allí donde hay dos o tres reunidos en Su nombre, Su nombre está presente para bendición...
>
> Más aún, la unidad es la gloria de la iglesia, pero la unidad que se consigue con el único fin de obtener y promover nuestros propios intereses no es la unidad de la iglesia, pues ello sería establecer una confederación que niega la naturaleza de la iglesia y la priva de todas sus expectativas. La unidad, es decir, la unidad de la iglesia, es la unidad del Espíritu y únicamente puede realizarse

> en las cosas del Espíritu y, por ende, sólo puede ser hecha perfecta en las personas espirituales...
>
> Entonces, ¿qué debe hacer el pueblo del Señor? Debe depender del Señor, esperando en Él conforme a la enseñanza de Su Espíritu y en conformidad con la imagen del Hijo de Dios, lo cual se logra mediante la vida del Espíritu. Pues si queremos que el pueblo del Señor vaya allí donde el buen Pastor apacienta a su rebaño al mediodía, debemos permitirle avanzar siguiendo las pisadas del rebaño.

En otra sección, el hermano Darby dijo:

> Debido a que la reunión de la mesa del Señor que celebramos no es nuestra, sino la mesa del Señor, nosotros recibimos a todos aquellos a quien Dios recibe, a todos los pobres pecadores que acuden al Señor en busca de refugio, pues en ellos mismos no hallan descanso, sino únicamente en Cristo.

En esa misma época, Dios operó simultáneamente en la Guyana Británica y en Italia a fin de que se produjera la misma clase de reuniones. En 1829 se celebraron reuniones del mismo tipo en Arabia, y asimismo, en 1830, en las ciudades inglesas de Londres, Plymouth y Bristol. Después, lo mismo ocurriría en diversas ciudades de los Estados Unidos y del continente europeo. Poco después surgieron, casi en el mundo entero, reuniones de este tipo que congregaban a todos aquellos que amaban al Señor. Aunque estos grupos no establecieron una entidad que los uniera y organizara, todos ellos surgieron directamente motivados por el Señor.

Una característica que distinguió al surgimiento de estos grupos era que todos aquellos hermanos que poseían títulos de nobleza y eran lores renunciaron a tales títulos y privilegios; asimismo, aquellos que ocupaban alguna posición renunciaron a ella, los que tenían algún título profesional lo dejaron de lado y todos renunciaron a cualquier posición que hubiesen tenido en el mundo o en la iglesia para convertirse en simples discípulos de Cristo y hermanos los unos de los otros. Tal como la palabra *padre* se usa profusamente en la Iglesia Católica Romana y el apelativo *reverendo* entre las iglesias protestantes, así el apelativo *hermano* es comúnmente usado entre estos grupos de creyentes. Estos creyentes fueron atraídos por el Señor y esto mismo los motivó a congregarse; debido a su amor por el Señor, ellos se amaban unos a otros de manera espontánea.

A lo largo de los años, de entre estos hermanos, Dios ha dado a muchos de ellos como dones para Su iglesia. Además de J. N. Darby y J. G. Bellett, Dios concedió ministerios especiales a muchos de los hermanos de tal manera que Su iglesia pudiese recibir Su suministro. George Müller, quien fundó un orfanato, recobró la oración de fe. En el curso de su vida, él pudo registrar más de un millón quinientas mil respuestas a sus oraciones. C. H. Mackintosh, quien escribió *Notes on the Pentateuch* [Notas sobre el Pentateuco], recobró la tipología bíblica. D. L. Moody llegó a decir que si todos los libros de este mundo tuvieran que ser quemados, a él le bastaría conservar una sola copia de la Biblia y un ejemplar de *Notes on the Pentateuch* de C. H. Mackintosh. James G. Deck nos legó muchos himnos muy valiosos. George Cutting recobró la certeza de la salvación. Hasta 1930 se habían vendido más de treinta millones de copias del folleto titulado *Safety, Certainty, and Enjoyment* [Seguridad, certeza y gozo] escrito por George Cutting; podemos decir que, aparte de la Biblia, este folleto fue la publicación más vendida. William Kelly escribió muchos estudios expositivos de la Biblia; el famoso predicador C. H. Spurgeon dijo que W. Kelly poseía una mente tan amplia como el universo mismo. F. W. Grant destacó por su conocimiento bíblico durante los siglos diecinueve y veinte. Robert Anderson fue quien mejor conocía el libro de Daniel en épocas recientes. Charles Stanley fue quien mejor supo conducir a las personas a su salvación al predicarles la justicia de Dios. S. P. Tregelles era conocido por sus famosos estudios filológicos del Nuevo Testamento. El libro que Andrew Miller escribió sobre la historia de la iglesia fue, de entre todos los libros que se han escrito sobre este tema, el que más se ajustó a las Escrituras. R. C. Chapman fue una persona usada grandemente por el Señor. Todos ellos son representativos de los hermanos que surgieron en esa época [La Asamblea de los Hermanos]. Si tuviéramos que hacer una lista exhaustiva de aquellos que se reunieron con estos hermanos y que fueron usados grandemente por el Señor, probablemente tendríamos que mencionar por lo menos a otros mil hermanos más.

Ahora procederemos a hacer un recuento de lo que estos hermanos nos dieron: nos mostraron cómo la sangre que derramó el Señor satisfizo los requerimientos de la justicia divina; la certeza de la salvación; cómo el más débil de los creyentes en Cristo es aceptado por Dios, de la misma manera que Dios aceptó a Cristo; y cómo creer en la Palabra de Dios como fundamento de la salvación. Desde que la historia de la iglesia comenzó, jamás hubo un período en que el evangelio fue tan claro como en el tiempo en que surgieron estos hermanos. Además, nos mostraron que la iglesia no puede atraer y ganar al mundo entero, que la iglesia tiene un llamado celestial y no tiene esperanza terrenal alguna. Ellos también fueron quienes por primera vez nos explicaron las profecías más profundas contenidas en la Biblia, haciéndonos ver que el retorno del Señor es la esperanza de la iglesia. Asimismo, nos explicaron Apocalipsis y Daniel, y nos mostraron el reino, la tribulación, el arrebatamiento y la novia. Sin ellos, conoceríamos apenas un pequeño porcentaje de lo revelado con respecto al futuro. También nos mostraron lo que es la ley del pecado, en qué consiste ser libre, ser crucificado con Cristo, ser resucitado juntamente con Cristo, cómo identificarnos con el Señor por medio de la fe y cómo ser transformados diariamente al fijar nuestra mirada en Él. Fueron ellos quienes nos mostraron el pecado de las denominaciones, la unidad del Cuerpo de Cristo y la unidad del Espíritu Santo; además, nos hicieron notar la diferencia que hay entre el judaísmo y la iglesia. En la Iglesia Católica Romana y en las iglesias protestantes, esta diferencia no se percibe tan fácilmente, pero estos hermanos nos permitieron distinguirla con nuevos ojos. También fueron ellos quienes nos mostraron que la existencia de una clase mediadora es pecado y nos hicieron ver que todos los hijos de Dios son sacerdotes y, como tales, todos deben servir a Dios. También recobraron para nosotros los principios que rigen nuestras reuniones, tal como constan en 1 Corintios 14, mostrándonos así que profetizar no es la comisión encomendada a una sola persona en la congregación, sino que es tarea de dos o tres, y que el profetizar no se basa en haber sido ordenados ministros, sino en haber recibido el don del Espíritu Santo. Si fuéramos a enumerar todo lo que los hermanos recobraron, tendríamos que decir que todas las verdades que se proclaman en las iglesias protestantes más puras son verdades que los hermanos recobraron o que ellos recobraron más completamente.

No es de sorprenderse, entonces, que D. M. Panton dijera: "El movimiento de 'los hermanos' y el significado que ello encierra, es mucho más importante que la Reforma". W. H. Griffith Thomas dijo: "Entre todos los hijos de Dios, fueron ellos quienes mejor pudieron trazar la palabra de verdad". Henry Ironside dijo: "Tanto aquellos que conocieron a estos hermanos como los que nunca tuvieron contacto con ellos directamente, todos los que conocen a Dios han sido ayudados por 'los hermanos' ya sea directa o indirectamente".

Este movimiento tuvo mayor importancia que el movimiento de la Reforma. Aquí, quisiera recalcar que la obra que realiza Filadelfia es más extensa que la realizada por la Reforma, pues Filadelfia consigue recobrar para nosotros aquello que la Reforma no pudo recobrar. Damos gracias al Señor que la cuestión de la iglesia ha sido aclarado mediante el movimiento originado con los hermanos. La posición que corresponde a los hijos de Dios ha sido casi completamente recobrada; por ende, tanto en lo que respecta a la cantidad como a la calidad, lo realizado por Filadelfia supera lo conseguido por la Reforma. A pesar de ello, es notorio que el movimiento de los hermanos no es tan famoso como el de la Reforma. La Reforma requirió de lanzas y espadas para su establecimiento, mientras que el movimiento de los hermanos se difundió por medio de la predicación. En Europa, muchos perdieron la vida en las guerras que hubo a raíz de la Reforma. Además, otra razón por la cual la Reforma fue famosa estriba en que se vinculó con la política de sus tiempos. Fueron muchas las naciones que, mediante la Reforma, pudieron anular la influencia política que sobre ellas ejercía Roma. Todo aquello que no está estrechamente vinculado con la política difícilmente adquiere fama entre los hombres. Más aún, los hermanos supieron identificar dos entidades: una es lo que llamamos el mundo como un sistema organizado, esto es, el mundo como entidad psicológica; el otro es el mundo del cristianismo. Ellos no solamente abandonaron el mundo psicológico, sino también el mundo del cristianismo, el cual está representado por las iglesias protestantes. A ello se debe que no se les promovió en las iglesias protestantes. Ellos, pues, no sólo abandonaron el mundo de pecado, sino también el mundo del cristianismo.

Desde entonces, fue anunciado a los hombres que la iglesia es el Cuerpo de Cristo, que los hijos de Dios son una sola iglesia y que, como tal, no deben dividirse. Ellos recalcaron su posición de hermanos y que debe imperar verdadero amor entre ellos. El Señor Jesús dijo que había de surgir una iglesia cuyo nombre es *Filadelfia*.

Ahora consideremos Apocalipsis: *"Escribe al mensajero de la iglesia en Filadelfia"* (3:7). Filadelfia es amor fraternal. ¿Por qué elogia el Señor a Filadelfia? Él afirma que ella es la iglesia del amor fraternal; en ella, toda clase mediadora ha sido completamente abolida. Quisiera aprovechar esta oportunidad para añadir algo más. En Cristo no hay varón ni mujer. En Cristo no hay hermanas. Todos somos hermanos, y no hermanas. Ante ello, nuestras hermanas se preguntarán: "¿Y nosotras?". Todos somos hermanos. Somos hermanos debido a que todos poseemos la vida de Cristo. Hoy en día, hay multitudes de hombres en este mundo, pero ellos no son nuestros hermanos. Una persona es un hermano no porque sea un varón, sino porque posee la vida de Cristo. Puesto que yo también poseo la vida de Cristo, somos hermanos. Cuando el Señor resucitó y se disponía a ascender a los cielos, Él dijo: "Subo a Mi Padre y a vuestro Padre, a Mi Dios y a vuestro Dios" (Jn. 20:17). En Juan 1, Cristo es el Hijo unigénito de Dios; en Juan 20, Él es el Hijo primogénito de Dios. En el capítulo uno Cristo era el Hijo unigénito de Dios, pero en el capítulo veinte vemos que la vida de Dios fue impartida a los hombres; por tanto, Cristo es el Hijo primogénito y todos nosotros somos hermanos. Por medio de Su muerte y resurrección, el Hijo unigénito de Dios llegó a ser el Hijo primogénito de Dios. Podemos ser hermanos porque hemos recibido Su vida. Es debido a que todos nosotros hemos recibido la vida de

Cristo que somos todos hermanos. Un varón es un hermano debido a que él ha recibido la vida de Cristo, y una mujer es un hermano debido a que ella ha recibido la vida de Cristo. Tanto los varones como las mujeres han recibido la misma vida; por tanto, son todos hermanos. Todas las epístolas fueron escritas a los hermanos, y no a las hermanas. Individualmente, hay hermanas; pero en Cristo sólo hay hermanos. Debido a esa vida, llegamos a ser hijos (*teknia*) de Dios. Todos los "hijos e hijas" en el Nuevo Testamento deben ser considerados simplemente "hijos". Aparte de 2 Corintios 6:18, en ninguna otra ocasión el Nuevo Testamento habla de hijas. ¿Comprenden esto? En Cristo todos tenemos la posición de hermanos. En cierta ocasión, en Shanghai, le dije a un hermano que era albañil: "Ve y pide que vengan algunos hermanos". Él replicó: "¿Quiere que llame a los hermanos varones o a los hermanos mujeres?". He aquí una persona enseñada por Dios. Al dirigirnos individualmente a las hermanas las llamamos hermanas, pero en Cristo no hay distinción entre varón y mujer.

Además, en la iglesia, no hay esclavo ni libre. No es que alguien reciba más vida por ser amo, ni que reciba menos vida por ser esclavo. Una vez un hermano me dijo que puesto que nuestros salones de reunión generalmente estaban en mala condición, sería mejor si preparábamos un lugar especial para predicar el evangelio a los funcionarios del gobierno. Yo le contesté: "¿Qué pondríamos en el cartel de la entrada?". Ciertamente ello no sería la iglesia de Cristo, sino la iglesia de los oficiales y la aristocracia. Cuando asistimos a las reuniones de la iglesia, no encontramos en ella ni oficiales ni aristócratas. En la iglesia todos somos hermanos. Si el Señor abre nuestros ojos, veremos que el mundo considera glorioso estar por encima de los demás, pero en la iglesia no se hacen semejantes diferencias.

Pablo afirma que en Cristo no hay judío ni griego, esclavo ni libre, varón ni mujer (Gá. 3:28). La iglesia no se basa en distinciones, sino en el amor fraternal.

En Apocalipsis 3:7, como en el comienzo de las otras epístolas, el Señor se refiere a Sí mismo diciendo: *"Escribe al mensajero de la iglesia en Filadelfia: Esto dice el Santo, el Verdadero, el que tiene la llave de David, el que abre y ninguno cierra, y cierra y ninguno abre"*. Santidad es Su vida; Él mismo es santidad. A los ojos de Dios, Él es la verdad; Él es la realidad de Dios, y la realidad de Dios es Cristo. Él tiene la llave en Sus manos. A estas alturas quisiera hacerles notar lo siguiente: cuando Sardis dio testimonio del Señor, hubo gobernantes de este mundo que apoyaron a Sardis en tal combate. Esta lucha tuvo lugar en el continente europeo por muchos años y luego en Inglaterra también por muchos años. Pero, ¿qué acerca del movimiento de los hermanos? Ellos no contaban con poder alguno que los respaldase. ¿Qué podían hacer? El Señor dijo que Él es quien tiene la llave de David, lo cual denota autoridad. (La Biblia conoce a David como un rey.) No es cuestión de emplear la fuerza de las armas ni tampoco es cuestión de valerse de mucha publicidad, sino que es cuestión de abrir la puerta. De hecho, el editor de un periódico británico dijo: "Jamás pensé que habían tantos hermanos, ni sabía que pudiesen multiplicarse tan rápidamente". Si usted viaja alrededor del mundo descubrirá que hay muchos hermanos en todo lugar. Si bien hay hermanos que conocen las enseñanzas profundamente y hay otros que las conocen más superficialmente, todos ellos han tomado la misma posición: la de hermanos. Ciertamente al ver esto debemos dar gracias al Señor. El Señor dice ser *"el que abre y ninguno cierra, y cierra y ninguno abre"*.

"Yo conozco tus obras ... porque tienes poco poder" (v. 8). Cuando leemos este versículo, espontáneamente recordamos lo dicho por el profeta en tiempos del retorno a Jerusalén liderado por Zorobabel: "¿Quién menospreció el día de las pequeñeces?" (Zac. 4:10). No debemos menospreciar el día de las pequeñeces, es decir, el día en que el templo es edificado. En las Escrituras, el templo es un tipo muy importante de la iglesia. Cuando David reinó sobre el pueblo de Dios, éste estaba unido. Después, el pueblo se dividió en el reino de Judá y el reino de Israel. Los hijos de Dios comenzaron a dividirse y, al mismo tiempo, se dio inicio a la idolatría y la fornicación. Como resultado, ellos fueron capturados y llevados cautivos a Babilonia. Todos los estudiosos de la Biblia concuerdan en que el cautiverio en Babilonia es un tipo de Tiatira: la Iglesia Católica Romana. Puesto que la Biblia hace de Babilonia un

tipo de Roma, la iglesia también experimenta el cautiverio babilónico. ¿Qué hizo el pueblo de Dios al retornar de su cautiverio? Retornaron débilmente, grupo por grupo, y comenzaron la reconstrucción del templo. Tal parece, pues, que ellos constituyen un tipo que representa al movimiento de los hermanos. En aquel entonces había muchos ancianos judíos que habían visto el templo antiguo. Cuando ellos vieron los cimientos del nuevo templo, lloraron a grandes voces debido a que la gloria de este templo era muy inferior en comparación con el templo en los tiempos de Salomón. Aun así, Dios habló por medio del profeta para decirnos que no debemos menospreciar el día de las pequeñeces, pues tal día se dio inicio al recobro. El Señor le dirige a Filadelfia palabras similares: *"Tienes poco poder"*. Si los comparamos con los días en que ocurrió el Pentecostés, el testimonio que la iglesia tiene en el mundo hoy en día nos indica que éste es el día de las pequeñeces.

"Has guardado Mi palabra, y no has negado Mi nombre" (Ap. 3:8). El Señor reconoce en ellos dos cosas: no negaron el nombre del Señor ni negaron las palabras del Señor. Jamás ha habido otra era en la historia de la iglesia en la que haya habido personas que conocían la palabra de Dios tan profundamente como los hermanos. La luz vino sobre ellos en torrentes. Cierta noche, en Shanghai, conocí a cierto hermano que había sido cocinero en un barco. Sostuve con él una conversación muy prolongada y descubrí que él conocía la palabra de Dios mejor que, me temo, muchos misioneros. De hecho, ésta es una de las características más notables de los hermanos: ellos conocen la palabra de Dios. Aun si se trata del más humilde de los hermanos, descubrirá usted que dicho hermano entiende la palabra de Dios con mucha más claridad que muchos misioneros.

El Señor dijo también: *"No has negado Mi nombre"*. Desde 1825 los hermanos han venido afirmando que ellos solamente podían ser llamados cristianos. Si usted les pregunta qué son, ellos le responderán: "Soy un cristiano". Pero si usted le hace la misma pregunta a alguien que pertenece a la Iglesia Metodista, esta persona le dirá: "Soy un metodista"; y si conversa con alguien que se congrega con la Iglesia de los Amigos, le dirá: "Pertenezco a la Iglesia de los Amigos". Si dicha persona pertenece a la Iglesia Luterana, le responderá: "Soy luterano", y si es de la Iglesia Bautista, le dirá: "Soy bautista". Todavía hay muchos que se hacen llamar por otros nombres que no son el nombre de Cristo. Pero los hijos de Dios sólo tienen un nombre con el cual pueden designarse. El Señor Jesús dijo: "Pediréis en Mi nombre" y "Congregados en Mi nombre" (Jn. 16:26; Mt. 18:20). A nosotros sólo nos está permitido llevar el nombre del Señor. Whitefield dijo: "Abandonemos todos los demás nombres, y que solamente el nombre de Cristo sea exaltado". Esto es exactamente lo que hicieron los hermanos. La profecía del Señor nos dice lo mismo, es decir, que ellos honraban el nombre del Señor. El nombre de Cristo es su centro. Con frecuencia se escuchaban estas palabras en medio de ellos: "¿Acaso el nombre de Cristo no basta para separarnos del mundo? ¿Acaso no nos basta con llevar el nombre del Señor?".

En cierta ocasión, mientras viajaba por tren, conocí a un creyente que me preguntó qué clase de cristiano era yo. Le dije que yo era simplemente cristiano; a lo cual él replicó: "No existe tal clase de cristiano en este mundo. Afirmar que uno es un cristiano a secas no significa nada; tiene que decirme qué clase de cristiano es usted para que lo que usted dice tenga sentido". Le contesté: "Yo soy simplemente una persona que es cristiana. ¿Quiere decir usted que el ser cristiano no significa nada? Para que usted me considere digno, ¿qué clase de cristiano debo ser? En lo que a mí concierne, yo sólo soy un cristiano y nada más". Ello dio lugar a una conversación muy interesante aquel día.

Quisiera que ustedes se percatasen de lo siguiente: básicamente lo que piensa mucha gente es que no basta con el nombre del Señor. Muchos piensan que se requiere el nombre de una denominación; es decir, les parece que se necesita otro nombre además del nombre del Señor. Hermanos, no deben pensar que nuestra postura es excesivamente firme. El Señor mismo le dijo a Filadelfia: "No has negado Mi nombre". Si percibo esto correctamente, llevar cualquier otro nombre equivale a deshonrar el nombre del Señor. Esta palabra: "negado", es la misma que la Escritura usa para referirse a lo hecho por Pedro cuando negó al Señor. ¿Qué clase de cristiano soy? Simplemente soy un cristiano, y no quiero ser llamado por otro nombre. Son muchos los que se rehúsan a honrar el nombre de Cristo y no están dispuestos a ser llamados simplemente cristianos. Pero damos gracias a Dios que la profecía con respecto a Filadelfia se cumplió con los hermanos. Ellos no adoptaron ningún otro nombre distinto al nombre del Señor. Ellos simplemente son hermanos; no son la "Iglesia de los Hermanos".

"He aquí, he puesto delante de ti una puerta abierta, la cual nadie puede cerrar" (Ap. 3:8). El Señor le habla a la iglesia en Filadelfia sobre una puerta abierta. Con frecuencia las personas dicen que si uno se conduce en conformidad con las Escrituras, la puerta pronto se cerrará; en lo concerniente a sujetarse obedientemente al Señor, la prueba más difícil de superar es encontrarse con que la puerta se cierra. Pero ciertamente aquí encontramos una promesa: *"He aquí, he puesto delante de ti una puerta abierta, la cual nadie puede cerrar"*. En cuanto concierne a los hermanos, éste es un hecho. En todo el mundo, ya sea en lo que concierne a la exposición de las verdades bíblicas o a la predicación del evangelio, a ningún otro grupo de personas se le han sido dadas tantas oportunidades de avanzar como a los hermanos. Y esto es exactamente lo que ha sucedido, ya sea en Europa, en los Estados Unidos o en África. No ha habido necesidad del apoyo de los hombres, de hacer propaganda ni de recibir grandes donaciones; sigue habiendo muchas oportunidades para que ellos continúen laborado, y la puerta para su labor se mantiene abierta.

"He aquí, voy a hacer que los de la sinagoga de Satanás, los que se dicen ser judíos y no lo son, sino que mienten ... he aquí, voy a hacer que vengan y se postren a tus pies, y reconozcan que Yo te he amado" (v. 9). Ya vimos por lo menos cuatro cosas que han hecho que el cristianismo se convierta en judaísmo, a saber: los sacerdotes mediadores, la ley de letras, el templo físico y las promesas terrenales. ¿Qué dijo el Señor?: *"He aquí, voy a hacer que vengan y se postren a tus pies"*. Es decir, el judaísmo es destruido a manos de los hermanos. Este movimiento se ha propagado al mundo entero. En dondequiera que ellos se encuentren, el judaísmo es derrotado. Entre aquellos

que verdaderamente conocen a Dios en la actualidad, todo aquello que constituía el judaísmo ya no tiene valor alguno.

"Por cuanto has guardado la palabra de Mi perseverancia" (v. 10). Esto tiene relación con Apocalipsis 1:9, donde dice que Juan era "copartícipe vuestro en la tribulación, en el reino y en la perseverancia en Jesús". Aquí, "perseverancia" es un sustantivo. Los tiempos actuales son los tiempos de la perseverancia de Cristo. Hoy en día, son muchos los que se burlan del Señor, pero Él persevera. Su palabra hoy es la palabra de Su perseverancia. Aquí, Él carece de todo prestigio mundano; Él sigue siendo un humilde nazareno, el hijo de un carpintero. Si seguimos al Señor, Él afirma que debemos guardar la palabra de Su perseverancia.

"Yo también te guardaré de la hora de la prueba que ha de venir sobre toda la tierra habitada, para probar a los que moran sobre la tierra" (3:10). Podemos valernos de la ciudad de Chongqing para dar un ejemplo al respecto. Afirmar que usted será guardado del bombardeo que sobrevendrá sobre Chongqing, ciertamente implica que usted todavía estará en esa ciudad, pero que será guardado de dicho bombardeo. Pero si le digo que le guardaré de "la hora", ello quiere decir que poco antes que llegue esa hora, usted habrá partido hacia otra ciudad, Chengdu por ejemplo. Cuando todo el mundo sea sometido a la prueba (sabemos que esto se refiere a la gran tribulación), nosotros no tendremos que enfrentar dicha tribulación. Es decir, antes de que llegue esa hora, nosotros ya habremos sido arrebatados. En toda la Biblia, únicamente encontramos dos pasajes en los que se nos habla directamente de la promesa del arrebatamiento: Lucas 21:36 y Apocalipsis 3:10. Así pues, en nuestros días tenemos que seguir al Señor, no vivir irresponsablemente, aprender a seguir el camino de Filadelfia y pedirle al Señor que nos libre de todas las pruebas que sobrevendrán.

"Yo vengo pronto; retén lo que tienes, para que ninguno tome tu corona" (3:11). El Señor dice: "Yo vengo pronto"; por tanto, esta iglesia estará presente cuando Él retorne. Tiatira no ha desaparecido, ni tampoco Sardis ni Filadelfia. *"Retén lo que tienes"*, es decir, retén *"Mi palabra"* y *"Mi nombre"*. No debemos olvidar las palabras del Señor, ni debemos

deshonrar el nombre del Señor. *"Para que ninguno tome tu corona."* Toda Filadelfia ha obtenido ya la corona. En las otras iglesias, el desafío consiste en obtener la corona; pero para Filadelfia, el desafío es retenerla. El Señor afirma que Filadelfia ya ha obtenido la corona. En toda la Biblia sólo sabemos de una persona que supo con toda certeza haber obtenido la corona: Pablo (2 Ti. 4:8). Lo mismo sucede con las iglesias: solamente Filadelfia sabe que ha obtenido la corona. No debemos dejar que nadie nos robe nuestra corona; no debemos abandonar Filadelfia ni abandonar nuestra posición. Aquí se nos insta a retener aquello que hemos obtenido para que ningún hombre nos lo arrebate.

Esto nos muestra claramente que Filadelfia también está expuesta a ciertos peligros; de otro modo, el Señor no le habría hecho tal advertencia. Además, este peligro es bastante real, y por ello el Señor le instruye con tanta severidad. ¿Qué peligros enfrenta Filadelfia? Ella corre el riesgo de perder aquello que ya ha obtenido, así que el Señor le insta a retener lo que tiene. El peligro que la amenaza no es el de no avanzar, sino el de retroceder. Aquellos que conforman Filadelfia son gratos al Señor porque se aman los unos a los otros y son fieles a la palabra del Señor y al nombre del Señor. El riesgo que corren es el de perder este amor y lealtad. ¡Qué posibilidad más terrible! Sin embargo, esto es precisamente lo que ha sucedido. Después de veinte años, los hermanos se dividieron. Se dividieron en dos grupos: la facción "exclusiva" y la facción "abierta"; y de estas dos facciones se generaron muchas otras divisiones. Por tanto, también en Filadelfia se hace el llamamiento a los vencedores.

¿Por qué se produjeron divisiones entre los hermanos? Debemos ser cautelosos y humildes al considerar esta cuestión, de lo contrario, nosotros podríamos caer en el mismo error. A mi parecer, toda división es causada por la falta de amor entre los hermanos; cuando el amor está ausente o es escaso, las personas le dan demasiada importancia a las normas de conducta, hacen hincapié en ciertos procedimientos y se esfuerzan por detectar faltas en los demás. Una vez que hay carencia de amor, las personas se tornan orgullosas de sí mismas y envidiosas de los demás, lo cual genera controversia y disputas. El Espíritu Santo es quien fortalece la unidad, mientras que la carne fortalece las divisiones. A menos que nuestra carne sea sojuzgada, las divisiones ocurrirán tarde o temprano.

Más aún, me parece que lo que hizo falta en aquellos tiempos fue que los hermanos *no se percataron del terreno "local" de la iglesia ni de los límites de la iglesia*. Ellos percibieron claramente cuáles eran los pecados que la iglesia había cometido, *pero no se percataron adecuadamente cómo debíamos amarnos los unos a los otros en la iglesia y lograr la unanimidad sobre la base del terreno de la localidad y los límites de la misma*. La Iglesia Católica Romana recalca la unidad que debe manifestar una iglesia unida sobre la tierra, mientras que la Asamblea de los Hermanos supo recalcar la unidad ideal de una iglesia espiritual en los cielos. Así pues, los hermanos no vieron, o por lo menos no vieron con suficiente claridad lo siguiente: el amor mutuo del cual se habla en las epístolas es el amor recíproco que debe existir en la iglesia de una localidad determinada; la unidad es la unidad de la iglesia en una localidad; las reuniones son las reuniones conjuntas de la iglesia en una localidad; la edificación es la edificación de la iglesia en una localidad; e incluso, al excomulgar a alguien, ello representa la excomunión efectuada por la iglesia en una localidad. De cualquier forma, únicamente estos dos grupos abordan el tema de la unidad de la iglesia: la Iglesia Católica Romana habla de la unidad de todas las iglesias sobre la tierra, mientras que la Asamblea de los Hermanos habla de la unidad espiritual en los cielos. Como resultado, la unidad de los católicos no es sino una unidad en cuanto a apariencia externa, mientras que la unidad de los hermanos es una unidad idealista y abstracta, la misma que, de hecho, causa división. *Ninguno de estos dos grupos se ha percatado de la unidad de todas y cada una de las iglesias locales en cada ciudad, tal como aparece en la Biblia*.

Puesto que *la Asamblea de los Hermanos no le dio la debida importancia al hecho de que el terreno de la localidad determina los límites de la iglesia*, la facción "exclusiva" de la Asamblea de los Hermanos exigía que se actuara de manera unificada y uniforme en todo lugar, lo cual viola los límites fijados por la localidad y cae en el error de la iglesia unificada; en lugar de ello, la facción "abierta" exigía que cada congregación tuviese su propia administración autónoma, lo cual hace que en muchos lugares existan numerosas iglesias establecidas en una misma localidad, cayendo así en el error de la Iglesia Congregacional, que hace de cada congregación una unidad independiente. *La facción "exclusiva" de la Asamblea de los Hermanos excede los límites que le fija la localidad, mientras que la facción "abierta" de la Asamblea de los Hermanos establece una iglesia cuyos límites son más reducidos que los de la localidad. Ellos olvidan que en la Biblia hay una sola iglesia en cada localidad.* Las palabras que la Biblia dirige a la iglesia son dirigidas a esta clase de iglesia. A pesar de ello, la tendencia en nuestros días es cambiar las palabras que la Biblia dirige a la iglesia local por palabras dirigidas a la iglesia en el ámbito espiritual. Más aún, cuando algunos hermanos establecen una iglesia, ellos establecen una iglesia cuyos límites son más reducidos que los de la localidad: por ejemplo, la iglesia en un hogar. En la Biblia no se ve ninguna "Iglesia Unificada" que reúne a las iglesias de todo lugar; ni tampoco se ven diversas congregaciones y grupos reuniéndose en una misma localidad como iglesias independientes entre sí. Ni una iglesia para diversas localidades ni tampoco varias iglesias para una sola localidad: ninguno corresponde con lo dispuesto por Dios al respecto. La palabra de Dios claramente revela que *una localidad puede tener una sola iglesia, y sólo puede haber una iglesia en cada localidad.* Que haya una iglesia en diversas localidades exigiría una clase de unidad que la Biblia no exige, y si hay diversas iglesias en una sola localidad, ello viola la unidad que la Biblia exige.

La dificultad de la Asamblea de los Hermanos en aquellos días era que *ellos no estaban lo suficientemente claros con respecto a la enseñanza bíblica acerca de la localidad.* El resultado es que aquellos que practican la unidad propia de una "Iglesia Unificada" y que están unidos a hermanos en otras localidades, no tienen temor de dividirse de los hermanos de su propia localidad. De manera similar, aquellos que no tienen problemas ni conflictos con los hermanos de una congregación y que asumen que dicha congregación es una unidad independiente, no temen dividirse de los hermanos que pertenecen a otras congregaciones en la misma localidad. *Debido a que ellos no han comprendido la importancia de las enseñanzas en la Biblia con respecto a la localidad*, en ambos casos el resultado ha sido la división. El Señor no exige una unidad impracticable que abarque todas las localidades. El Señor tampoco permite que cualquier congregación fije los límites de la unidad: ello sería un exceso de libertad; sería libertinaje, pues no habrían restricciones ni se aprendería lección alguna. Bastaría cualquier desacuerdo para formar inmediatamente otra congregación con tres a cinco personas, y a esto se le llamaría unidad. *Únicamente puede haber una sola clase de unidad en la localidad.* ¡Esto representa una gran restricción para aquellos que desean actuar con un libertinaje carnal!

El movimiento de los hermanos sigue avanzando, *y la luz de la "localidad" es cada vez más clara*. Hasta qué grado operará el Señor, no lo sabemos. Únicamente el desarrollo histórico correspondiente nos permitirá estar claros al respecto. Si nos consagramos de manera absoluta al Señor y somos humildes, tal vez recibamos misericordia a fin de ser guardados del error.

"Al que venza, Yo lo haré columna en el templo de Mi Dios, y nunca más saldrá de allí; y escribiré sobre él el nombre de Mi Dios, y el nombre de la ciudad de Mi Dios, la Nueva Jerusalén, la cual desciende del cielo, de Mi Dios, y Mi nombre nuevo" (Ap. 3:12). En el período en que surgió Filadelfia se vieron muchos casos en los que se excomulgaban a estos hermanos; pero según este versículo ellos ya no podrán ser excomulgados, sino que serán columnas en el templo de Dios. Si la columna es retirada, el templo no podrá permanecer en pie. Filadelfia hace que el templo de Dios permanezca en pie. Son tres los nombres que serán escritos sobre aquel que venza: el nombre de Dios, el nombre de la Nueva Jerusalén y el nuevo nombre del Señor. El plan eterno de Dios habrá sido llevado a cabo, y los que componen Filadelfia habrán retornado al Señor y serán Su satisfacción.

"El que tiene oído, oiga lo que el Espíritu dice a las iglesias" (v. 13). Les ruego que no olviden que Dios no ha mantenido en secreto el deseo de Su corazón, sino que Él nos ha mostrado claramente la senda que tenemos por delante.

Capítulo ocho

LA IGLESIA EN LAODICEA

Lectura bíblica: Ap. 3:14-22

Ahora hablaremos sobre la última iglesia. Ya hemos considerado la Iglesia Católica Romana, las iglesias protestantes y el movimiento de los hermanos. De entre todos estos, Dios ha elegido el último: el movimiento de los hermanos. Tiatira ha fracasado rotundamente; y aunque Sardis fue mejor que Tiatira, ella también fue reprendida por el Señor. Únicamente Filadelfia no recibió reprensión alguna. La promesa del Señor fue hecha a Filadelfia. (Pero Filadelfia también recibió un llamamiento a los vencedores.) Si dependiera de nosotros, con la epístola a Filadelfia habríamos dado por concluida nuestra serie de epístolas y no habríamos escrito nada más. Sin embargo, puesto que al hablar de estas iglesias el Señor profetiza con respecto a la condición de la iglesia, resulta necesario avanzar y hablar sobre Laodicea, con la cual la mayoría de nosotros estamos muy familiarizados. Si usted preguntara a qué iglesia se refiere Laodicea, muchos no sabrían qué contestarle. Son muchos los hijos de Dios que no están claros con respecto a Laodicea. Algunos piensan que pueden aprender de ella lecciones en el ámbito personal, mientras que a otros les parece que ella hace referencia, de manera general, a la condición de desolación en que se encuentra la iglesia. Pero aquí el Señor nos comunica una profecía.

El nombre "Laodicea", al igual que en el caso de las otras iglesias, encierra un particular significado. Está compuesto de dos vocablos: *laos*, que significa "laicos" (refiriéndose al común de las gentes) y *dicea*, que podría traducirse "costumbres" u "opiniones". Así que, Laodicea significa las costumbres de los laicos o las opiniones del común de las gentes. Esto nos muestra claramente el significado implícito: la iglesia ha fracasado. La iglesia ha optado por tomar metódicamente las opiniones y las costumbres del común de las gentes. En Filadelfia vemos a los hermanos y el amor recíproco entre ellos; pero aquí vemos laicos, opiniones y costumbres.

No deben olvidar una cosa: si los hijos de Dios no permanecen firmemente en la posición de Filadelfia, caerán y fracasarán. Sin embargo, ellos no pueden retornar a Sardis. Una vez que uno ha visto la verdad con respecto a la posición que es propia de los hermanos, no le será posible retornar a las iglesias protestantes, aun si éste fuera su deseo. Puesto que dicha persona no ha podido permanecer firme en Filadelfia, al retroceder se convierte en Laodicea. Los que salieron de la Iglesia Católica Romana conformaron las iglesias protestantes; aquellos que salieron de las iglesias protestantes se llamaron "los hermanos"; y aquellos que salen de Filadelfia conforman Laodicea. Sardis sale de Tiatira, y Filadelfia sale de Sardis; asimismo, Laodicea sale de Filadelfia. Hoy, entre los hijos de Dios, es común el siguiente malentendido: cuando observan que algún grupo denominacional manifiesta una condición negativa, ellos afirman que dicho grupo es Laodicea. En realidad no es así. Una iglesia denominacional que manifiesta ciertas anormalidades sigue siendo Sardis, y no se convierte en Laodicea. Las diversas denominaciones son las iglesias protestantes, y ninguna de ellas podría convertirse en Laodicea. Únicamente aquellos en Filadelfia que han caído en degradación pueden llegar a ser Laodicea. La condición en que se encuentra Laodicea no representa la condición en la que se encuentra Sardis. Solamente aquellos que probaron la bondad de Filadelfia y ahora se encuentran en degradación, constituyen Laodicea. Los que no poseen mucho, conforman Sardis; pero aquellos que no conservan las riquezas espirituales en el Espíritu Santo, se convierten en Laodicea.

¿Qué clase de degradación, entonces, es ésta? Al inicio, con Éfeso, vemos un comportamiento anormal en medio de una situación de normalidad. En Pérgamo, vemos la enseñanza de Balaam. En Tiatira, vemos a Jezabel; allí encontramos las raíces de la clase mediadora. Con Sardis ganamos acceso a la

Biblia, pero Sardis misma crea otra clase mediadora. En Filadelfia vemos únicamente hermanos; la clase que se coloca por encima de los laicos ha desaparecido. Allí, todos retoman la palabra del Señor a fin de obedecerla y obedecer lo que el Espíritu Santo ha hablado por medio de la palabra del Señor. Pero un día, al abandonar los hermanos la posición en que reciben la disciplina del Espíritu Santo y al dejar la posición que les corresponde como hermanos y adoptar la postura que corresponde a laicos, surge Laodicea. En Sardis, la autoridad está en manos del sistema pastoral. En Filadelfia, la autoridad está en manos del Espíritu Santo; es el Espíritu Santo quien ejerce autoridad por medio del nombre del Señor y de la Palabra, y allí todos son hermanos que se aman los unos a los otros. Ahora bien, en Laodicea no vemos que la autoridad esté en manos del Espíritu Santo ni en manos del sistema pastoral, sino en manos de laicos. ¿Qué queremos decir al afirmar que son los laicos los que tienen la autoridad en Laodicea? Nos estamos refiriendo a la autoridad que ejercen las mayorías. La opinión de la mayoría se convierte en la opinión que se acepta; siempre y cuando la mayoría esté de acuerdo, todo está bien. Esto es Laodicea. En otras palabras, los que gobiernan no son los padres, ni los pastores ni tampoco el Espíritu Santo, sino que lo que cuenta es la opinión de la mayoría. Esto no es comportarse como hermanos, sino como gente común. Laodicea, pues, no permanece en la posición que le corresponde a hermanos; más bien, se trata de hombres que están de acuerdo con la voluntad de la carne. Basta con que la mayoría levante su mano a favor o en contra, y eso basta. Pero nosotros tenemos que conocer la voluntad de Dios y fijar nuestra mirada en Filadelfia, en conformidad con la voluntad de Dios. Siempre y cuando que no hay amor fraternal, sino únicamente las opiniones de los hombres en conformidad con la carne, nos encontramos con Laodicea.

Aquí el Señor habla de Sí mismo como *"el Amén, el Testigo fiel y verdadero, el principio de la creación de Dios"* (Ap. 3:14). El Señor es el Amén. Amén significa: "Está bien"; quiere decir: "Así sea". Por tanto, Él hará que todo se cumpla y nada sea en vano. El Señor Jesús dio testimonio de la obra de Dios en la tierra. El Señor es la Cabeza sobre toda criatura y cosa creada por Dios.

"Yo conozco tus obras, que ni eres frío ni caliente. ¡Ojalá fueses frío o caliente! Así que, por cuanto eres tibio, y no caliente ni frío, estoy por vomitarte de Mi boca" (vs. 15-16). Sardis tiene nombre de que vive, pero en realidad está muerta; Laodicea no es fría ni caliente. A Éfeso el Señor le dijo: "Vendré a ti, y quitaré tu candelero de su lugar" (2:5). A Laodicea le dijo: "Estoy por vomitarte de Mi boca". El Señor no volverá a usarlos; ellos han dejado de ser el amén. El problema con ellos es que no son fríos ni calientes. Ellos están llenos de conocimiento, pero carecen de poder. Cuando eran calientes, eran Filadelfia; pero ahora se han vuelto tibios. Una vez que Filadelfia cae en degradación, se convierte en Laodicea. Únicamente los de Filadelfia pueden caer en semejante degradación.

"Porque tú dices: Yo soy rico, y me he enriquecido, y de ninguna cosa tengo necesidad" (3:17). Ya mencioné anteriormente que el movimiento de los hermanos es mucho más significativo que la Reforma. La Reforma fue meramente una reforma cuantitativa, mientras que el movimiento de los hermanos constituyó una reforma cualitativa, la cual logró recobrar lo que originalmente era la esencia de la iglesia. Este poder es verdaderamente grande. Estos hermanos eran más poderosos que los demás, tanto en conducta como en el conocimiento de las verdades bíblicas, al extremo que hasta un cocinero que se reunía con ellos conocía mejor la Biblia que un misionero de las iglesias protestantes; debido a esto, "los hermanos" se volvieron orgullosos. Con su actitud proclamaban: "Todos ustedes son incompetentes; solamente nosotros somos competentes". Ciertamente en las iglesias protestantes no había personas que pudiesen considerarse competentes en ese sentido. El famoso Dr. Scofield tuvo que acudir a los hermanos para ser enseñado por ellos. Un predicador tan famoso como Gypsy Smith también acudió a ellos a fin de beneficiarse de su conocimiento bíblico y predicó sus doctrinas. En general, muchos obreros cristianos, estudiosos de la Biblia, predicadores y creyentes han sido ayudados en gran manera e iluminados por los hermanos. Es incontable el número de quienes fueron

ayudados espiritualmente por medio de los libros que los hermanos publicaron. Son muchos los que tienen que reconocer en sus corazones que en el mundo entero, nadie puede enseñar las verdades bíblicas tan bien como "los hermanos". Como resultado de ello, se volvieron orgullosos. "Nuestros alumnos son profesores de los demás", decían ellos. Si bien es cierto que enfrentaron gran oposición, algunos de ellos son héroes por designación propia. El resultado más notorio fue que algunos de ellos se sintieron satisfechos de sí mismos. Algunos hermanos ciertamente manifiestan amor fraternal y procuran el bien de los demás, pero hay otros que solamente poseen conocimiento y nada más. Por tanto, era inevitable que se convirtieran en personas presumidas que se exaltaban a sí mismas. El Señor nos muestra que una Filadelfia orgullosa se vuelve Laodicea, y que Laodicea es Filadelfia en degradación. Como consecuencia de todo esto, sus congregaciones en diversos lugares manifiestan una serie de problemas en cuanto a su conducta y enseñanza. El rasgo particular de Laodicea es el orgullo espiritual. En cuanto concierne al aspecto histórico, el Señor ha hecho que esto sea cumplido en nuestros tiempos.

En nuestros días, podemos contemplar tanto a Filadelfia como a Laodicea. Ambas son muy parecidas en cuanto a la posición que ellas adoptan como iglesia. La diferencia es que en Filadelfia hay amor, mientras que en Laodicea, orgullo. En cuanto a su manifestación externa, no hay diferencia entre ellas; la única diferencia es que Laodicea es una Filadelfia orgullosa. No quisiera ponerme a relatarles muchas cosas acerca de ellos. Me limitaré a darles apenas unos cuantos ejemplos. Uno de ellos una vez dijo: "¿Habrá alguna riqueza espiritual que nosotros no poseamos?". Otro hermano, después de hojear una revista cristiana de reciente publicación, exclamó: "¿Qué hay de nuevo en esta revista? ¿Hay acaso en ella algo que nosotros no sepamos?", después de lo cual, devolvió tal revista sin leerla más. Otro hermano dijo: "Puesto que el Señor nos ha concedido más luz que a todos los demás, debemos sentirnos satisfechos con lo que tenemos; leer lo que otros han escrito, sería una pérdida de tiempo". Otro dijo: "¿Qué tienen los demás que nosotros no tengamos?". Y otro añadió: "Lo que los demás tienen, nosotros ya lo tenemos;

pero lo que nosotros tenemos, es probable que los demás no lo tengan". Cuando escuchemos que se habla de esta manera, inmediatamente debemos acordarnos de lo que el Señor dijo al referirse a aquellos que decían: "Soy rico". ¡Oh, cuánto debemos cuidarnos de no convertirnos en Laodicea!

Cierta isla del Océano Atlántico fue azotada por un huracán devastador que destruyó muchos edificios, entre los cuales se encontraban casas de hermanos y sus salones de reunión. En cuestión de horas, hermanos de todo el mundo reunieron el equivalente a poco más de doscientas mil libras esterlinas e hicieron llegar dicha ayuda a los hermanos en necesidad con mayor rapidez que su propio gobierno. Entre ellos, ciertamente podemos detectar la presencia del amor fraternal, pero también encontramos a quienes se han vuelto orgullosos. Las iglesias protestantes no son aptas para convertirse en Laodicea. Sardis misma reconoce su pobreza. He laborado entre cristianos por más de veinte años, y jamás he visto que un misionero o pastor de alguna denominación se proclame poseedor de riquezas espirituales. Ellos siempre reconocen su insuficiencia y carencias. Las iglesias protestantes, iglesias débiles y enclenques, constituyen Sardis, no Laodicea. Únicamente Laodicea manifiesta el orgullo espiritual como su rasgo particular. Las iglesias protestantes manifiestan una serie de pecados, pero el pecado del orgullo espiritual no es el más destacado entre ellos. Únicamente los hermanos que cayeron en degradación dirían: "Yo soy rico, y me he enriquecido, y de ninguna cosa tengo necesidad". Únicamente Filadelfia en degradación puede convertirse en Laodicea. En cuanto concierne a riqueza espiritual, Sardis sabe muy bien que ella está carente. Con frecuencia, ellos dicen: "No somos lo suficientemente devotos; los creyentes más fervientes nos han abandonado". La abundancia de riqueza espiritual es la verdadera condición de Filadelfia, mientras que la característica distintiva de Laodicea es que se jacta de riqueza espiritual. Únicamente Laodicea se permite tal jactancia. Aquel que ha abandonado la posición propia de Filadelfia, no puede retornar a Sardis. Pedirle a un hermano que retorne a Sardis es pedir algo imposible, pues él únicamente podrá llegar a ser Laodicea. Laodicea tampoco da continuación a la ortodoxia establecida por los apóstoles, sino que se ha apartado de la línea fijada por ellos. Laodicea se caracteriza por poseer vanos conocimientos; son personas carentes de vida, satisfechas consigo mismas, que se exaltan a sí mismas y se vanaglorian.

"Y no sabes que tú eres un desventurado, miserable, pobre, ciego y desnudo" (v. 17). Lo que Laodicea afirma es verdaderamente cierto: "¡Yo soy rico, y me he enriquecido, y de ninguna cosa tengo necesidad!". De hecho, ellos son maravillosos delante de Dios y tienen razón de jactarse. Reconocemos que ellos poseen muchas cosas de las cuales pueden jactarse. Pero es mejor dejar que sean los demás los que se percaten de ello y no nosotros; dejemos que los demás lo noten, y no nosotros mismos. Ciertamente sería bueno que los demás reconozcan este hecho; pero si somos nosotros los que afirmamos eso mismo, ello no está bien. No debemos jactarnos de ninguna cosa espiritual. Si uno se jacta de sus riquezas materiales, ello no hará que uno pierda dinero ni que se reduzcan sus riquezas; pero si uno se jacta de poseer riquezas espirituales, éstas se desvanecerán. Cuando una persona se jacta de ser fuerte, tal fortaleza se desvanecerá. La faz de Moisés resplandecía, pero él mismo no lo percibía. Todo aquel que tome conciencia de que su rostro resplandece, perderá tal resplandor. Si usted no se percata de estar creciendo, ello es una bendición. Hay muchos que afirman conocer claramente su propia condición pero que, sin embargo, carecen de toda riqueza espiritual. Está bien que usted tenga autoridad espiritual, pero si usted se percata de ello, eso no está bien. En lo concerniente a la estima que ellos tenían de sí mismos, los laodicenses tenían las cosas demasiado claras; ellos poseían demasiado. A los ojos de Dios, ellos estaban ciegos, eran pobres y estaban desnudos. Por eso es imprescindible que aprendamos esta lección. Laodicea tiene las cosas demasiado claras con respecto a su propia riqueza. Ciertamente abrigamos la esperanza de crecer, pero no queremos percatarnos de ello nosotros mismos.

El Señor dijo: *"Tú eres un desventurado"*. Aquí la palabra "desventurado" es la misma palabra que se tradujo como "miserable" en Romanos 7:24. El Señor está diciendo que la condición de los laodicenses corresponde a la condición descrita por Pablo en Romanos 7: en el aspecto espiritual, ellos son desventurados, han sido completamente avergonzados; no es que sean como aquel o como este otro, sino que a los ojos del Señor, ellos son miserables. Después de esto, el Señor les da tres razones por las cuales son considerados desventurados y miserables: ellos son pobres, están ciegos y están desnudos.

Con respecto a la pobreza que Laodicea padecía, el Señor le dijo: *"Yo te aconsejo que de Mí compres oro refinado en fuego, para que seas rico"* (Ap. 3:18). Si bien ellos son ricos en cuanto a doctrinas, el Señor todavía los considera pobres. Es imprescindible que ellos obtengan la fe viviente, de otro modo, la palabra de Dios no producirá ningún fruto en ellos. Su fracaso, su debilidad, se debe a que su fe se ha desvanecido. Pedro afirma que la fe puesta a prueba es como oro que ha pasado por el fuego (1 P. 1:7). En tiempos en que la palabra que se predica es deficiente, uno tiene que orar; pero cuando la palabra es abundante, se hace necesaria la fe que se mezcla con las palabras que escuchamos. Tenemos que pasar por toda clase de pruebas y tribulaciones, a fin de que las palabras que hemos escuchado den fruto. Por tanto, tenemos que comprar oro refinado en fuego. Tenemos que aprender a confiar en el Señor, incluso en medio de nuestras tribulaciones; entonces seremos verdaderamente ricos.

Además, el Señor dice: *"Y vestiduras blancas para vestirte, y que no se manifieste la vergüenza de tu desnudez; y colirio con que ungir tus ojos, para que veas"* (Ap. 3:18). Ya mencionamos que "las vestiduras blancas" se refieren al comportamiento. Las "vestiduras blancas" aquí son las mismas vestiduras blancas de las cuales se habla en muchos otros versículos en Apocalipsis. El propósito de Dios consiste en que ellos no se contaminen, así como las vestiduras deben permanecer blancas. Dios anhela que ellos puedan andar todo el tiempo en Su presencia, y ello sería imposible si estuviesen desnudos. En el Antiguo Testamento, ninguno podía acudir a Dios si no estaba apropiadamente vestido. Cuando los sacerdotes iban al altar, su desnudez no debía descubrirse. En 2 Corintios 5:3 dice: "Para que, estando así vestidos, no seamos hallados desnudos". Pero aquí no se trata de estar vestidos o no, sino de si las vestiduras son blancas o no. El Señor Jesús dice: "Y cualquiera que dé a uno de estos pequeñitos un vaso de agua fría solamente, por ser discípulo, de cierto os digo que de ninguna manera perderá su recompensa" (Mt. 10:42). Éstas son las vestiduras blancas. Tal vez ofrezcamos banquetes, pero es posible que éstos no sean "blancos". Si lo hacemos sólo con el fin de conservar la gloria de nuestro grupo, ello no cuenta; si ello responde a motivos incluso más frívolos, con mayor razón tales acciones no contarán delante del Señor, pues no es lo suficientemente "limpio". El Señor desea que manifestemos pureza de motivos, así como de propósitos, a fin de poder laborar para Él. Una vez que examinemos nuestras acciones y motivaciones, podremos detectar en muchas de ellas una serie de impurezas; simplemente no son blancas. *"Y que no se manifieste la vergüenza de tu desnudez."* Entonces, al andar en presencia de Dios, no seremos avergonzados.

El Señor también habla de comprar *"colirio con que ungir tus ojos, para que veas"* (Ap. 3:18). Comprar colirio para ungir tus ojos: ésta es la revelación del Espíritu Santo. Ustedes tienen que recibir la revelación del Espíritu Santo; sólo así podrán ser contados entre los que ven. Por el contrario, conocer demasiadas doctrinas puede resultar en que la revelación del Espíritu Santo disminuya. La doctrina es la transmisión de conceptos de una persona a otra, pero en tal transacción los ojos espirituales todavía no han visto nada. Son muchos los que andan a la luz de otros. Puesto que muchos hermanos ancianos hablan de esta manera, usted también habla de la misma manera. Hoy usted dice: "Fulano de tal me dijo", pero si no hubiese un *fulano de tal* que le dijera tal cosa, usted no sabría qué hacer. Uno recibe doctrinas procedentes de las enseñanzas de los hombres y no del propio Señor Jesús. El Señor Jesús afirma que esto no dará fruto, pues usted mismo tiene que recibir la revelación del Espíritu Santo. Si le escribo una carta a algún amigo mío pidiéndole que escuche el evangelio en mi lugar a fin de que yo pueda ser salvo, eso simplemente no podría ocurrir. Asimismo, cualquier cosa recibida de manos de los hombres es nula una vez que llega a nuestras manos, pues no tiene nada que ver con Dios. Según la Biblia, esto es ceguera. No es posible encargarnos de nada que sea espiritual, sin antes haber tenido un contacto personal con el Espíritu Santo. Ello no depende de cuánto haya escuchado usted. Muchas veces, eso constituye únicamente más doctrina, más conocimiento, pero nada de ello equivale a ver algo en presencia de Dios. Así que, al vivir en presencia de Dios, usted tiene que aprender una cosa: a comprar colirio. Únicamente cuando uno ve por sí mismo, ve verdaderamente. Ver es el fundamento de lo que hemos conseguido ganar y también es la base para ver nuevamente.

"Yo reprendo y disciplino a todos los que amo; sé, pues, celoso, y arrepiéntete" (v. 19). Todas las palabras mencionadas anteriormente fueron reprensiones, pero el Señor nos muestra que Él nos reprende y castiga de esta manera debido a que Él nos ama. Por tanto, debemos ser celosos. ¿Qué debemos hacer? Arrepentirnos. En primer lugar, debemos arrepentirnos. El arrepentimiento no es un acto exclusivamente individual; la iglesia también tiene que arrepentirse.

"He aquí, Yo estoy a la puerta y llamo; si alguno oye Mi voz y abre la puerta, entraré a él, y cenaré con él, y él conmigo" (v. 20). Esta afirmación realmente implica muchas cosas. ¿Qué clase de puerta es ésta? Son muchos los que usan este versículo para predicar el evangelio a los incrédulos. Está bien servirse de este versículo para predicar el evangelio, está bien prestarle este versículo a los pecadores; pero no debemos hacer esto por demasiado tiempo, pues debemos retornarlo a donde pertenece. Este versículo es un versículo dirigido a los hijos de Dios. No se refiere al Señor que toca la puerta del corazón de un pecador incrédulo, sino que esta puerta es la puerta de la iglesia. Aquí la palabra "puerta" está en su forma singular; esto indica que el Señor se refiere a la puerta de la iglesia. Ciertamente debiera sorprendernos que el Señor, quien es la Cabeza y el origen de la iglesia, ¡está afuera tocando la puerta de la iglesia! *"¡He aquí, Yo estoy a la puerta!"* Ciertamente, esta iglesia se encuentra en una condición deplorable. Si el Señor está a la puerta, ¿qué clase de iglesia es ésta?

El Señor dice: "¡He aquí!", y se dirige a toda la iglesia. Si bien aquí "la puerta" se refiere a la puerta de la iglesia, el Señor dice: "Si alguno oye Mi voz y abre la puerta...". Estas dos palabras: "si alguno", nos indican que abrir la puerta es un acto que se realiza individualmente. En la Biblia, en cuanto concierne a las verdades, podemos detectar dos vertientes. Una línea corresponde al Espíritu Santo, y la otra corresponde a Cristo; la primera es subjetiva y se relaciona con nuestra experiencia personal, mientras que la segunda es objetiva y tiene que ver con la fe. Si uno enfatiza excesivamente las verdades que son objetivas, estará "en las nubes", lo cual no es nada práctico. Pero si su tendencia es depender del aspecto subjetivo y enfatiza excesivamente la operación que internamente realiza el Espíritu Santo en su ser, entonces dicha persona caerá en la introspección constantemente y nunca estará satisfecha. Es necesario, pues, que quienes buscan más del Señor sean equilibrados en cuanto a ambos aspectos de la verdad. Por un lado, estas verdades me dicen que soy perfecto en Cristo, y por otro, que la operación que internamente realiza el Espíritu Santo en mi ser tiene como fin perfeccionarme. El error más grave de la Asamblea de los Hermanos fue enfatizar excesivamente las verdades objetivas y desdeñar el aspecto subjetivo y personal de las mismas. Filadelfia fracasó y se convirtió en Laodicea. Su fracaso se debió al exceso en cuanto al aspecto objetivo de la verdades bíblicas. Esto no quiere decir que no existía la operación que el Espíritu Santo realiza en los creyentes; más bien, en términos generales, había exceso en cuanto al aspecto objetivo de la verdad y carencia en cuanto al aspecto subjetivo de la misma. Si tú abres la puerta, "entraré". Esto quiere decir que aquello que era objetivo llega a ser subjetivo para nosotros; esto es, Él hará que aquello que hemos captado en cuanto al aspecto objetivo de la verdad, se convierta en una experiencia subjetiva. En Juan 15:4 el Señor hace referencia a ambos aspectos: "Permaneced en Mí, y Yo en vosotros". En Apocalipsis 3:20 el Señor dice: "Entraré a él, y cenaré con él, y él conmigo". Si usted abre la puerta, Él cenará con usted. Esto es comunión y gozo. Entonces usted disfrutará de comunión íntima con el Señor, así como del gozo que mana de dicha comunión.

"Al que venza, le daré que se siente conmigo en Mi trono, como Yo también he vencido, y me he sentado con Mi Padre en Su trono" (v. 21). Entre todas las promesas hechas a los vencedores en las siete iglesias, muchos dicen que ésta es la mejor. Si bien algunos gustan de las otras promesas hechas a los vencedores, son muchos los que me han dicho que consideran que la promesa hecha a Laodicea sobrepasa a todas las demás. En todas las promesas anteriores hechas a los vencedores, el Señor no dijo nada con respecto a Sí mismo; pero aquí, Él declara que si uno vence, "cenaré con Él"; puesto que usted ha experimentado lo que es vencer en diversos aspectos, ahora podrá sentarse con Mi Padre en el trono. Tiene que vencer a fin de sentarse con el Señor en Su trono. Aquí, el vencedor recibe la más elevada de las promesas, debido a que la era de la iglesia está por concluir. El vencedor está a la espera del Señor Jesús. Por tanto, aquí se menciona el trono.

Capítulo nueve

CONCLUSIÓN

En el Antiguo Testamento encontramos profecías muy claras con respecto a Judá. (Israel carecía de profecía; se rebeló contra Dios en tiempos de Jeroboam y fue la primera nación en fenecer. Evidentemente, Dios no estaba complacido con Israel y lo rechazó, por ende, no había profecía para Israel.) Las profecías hechas a Judá continuaron hasta los tiempos del Señor Jesús: esto se puede ver al examinar la genealogía que aparece en el primer capítulo de Mateo. En el Antiguo Testamento, hubieron muchos profetas cuyo ministerio tenía como único propósito anunciar cómo serían las cosas en el futuro. Por ejemplo, Daniel profetizó con respecto a las naciones. Después que Judá feneciera, surgirían una serie de naciones gentiles en los siguientes dos mil quinientos años hasta el retorno del Señor Jesús. Por tanto, profecías muy conocidas, tales como las que encontramos en los capítulos 2, 7, 9 y 11 del libro de Daniel, nos dan muchos detalles con respecto a los gentiles. Además de las profecías relativas a Judá y los gentiles, debemos tener presente la iglesia de Dios que forma parte del plan de Dios. ¿Dónde está la profecía con respecto a la iglesia? Cuando leemos las primeras siete epístolas de Pablo, no encontramos ninguna profecía en ellas. Puede parecernos que hay varias profecías en el capítulo trece de Mateo, pero ninguna de ellas da suficientes detalles con respecto a la iglesia, ni tampoco es lo suficientemente clara al respecto, debido a que se refieren a la apariencia externa del reino de los cielos. Por tanto, podríamos decir que únicamente en Apocalipsis 2 y 3, donde encontramos las últimas siete epístolas, se nos muestra claramente la profecía con respecto a la iglesia. Hasta aquí, hemos examinado brevemente cada una de ellas y hemos visto que todas ellas se han cumplido. Ya vimos las profecías que el Señor nos ha mostrado y cómo se han venido cumpliendo en la historia. Damos gracias a Dios de que las profecías ya se han cumplido y que, por ende, nos es mucho más fácil leer estas siete epístolas en conformidad con su respectivo cumplimiento.

Por medio de estas siete epístolas, el Señor ha querido dirigirnos con respecto a cómo llegar a ser vencedores. El Señor nos está indicando precisamente cómo debemos comportarnos a fin de vencer; por lo cual, mediante el cumplimiento de estas epístolas, Él nos muestra cómo llegar a ser un vencedor en esta tierra. Por tanto, esto se relaciona con la manera en que cada uno de nosotros se conduce.

Al considerar estas siete epístolas en su conjunto, veremos que cada una de ellas se divide en cuatro secciones. Desde la primera hasta la última, todas ellas se parecen entre sí. En primer lugar aparece el nombre del Señor, después se describe la condición de la iglesia y la recompensa a los vencedores y, finalmente, el llamamiento a aquel que tiene oídos. En cada una de estas epístolas, el Señor nos muestra quién es Él, en qué condición se encuentra la iglesia, qué le dará a aquel que venza y, luego, Él hace un llamado a todo el que tiene oídos para que oiga. Hay un llamamiento a los vencedores en cada una de estas iglesias; en cada caso, los vencedores tienen sus propias características, y la recompensa que el Señor da a los vencedores también difiere en cada caso.

Así pues, debemos aprender que independientemente de la condición en la que se encuentre la iglesia, siempre que en ella se manifieste algún problema, si somos fieles delante del Señor descubriremos lo que tenemos que hacer. El Señor nos muestra la manera en que debemos enfrentarnos a tal clase de problema. El Señor dijo que Él es el camino, la realidad y la vida (Jn. 14:6). Así que, no importa qué epístola se aplique a nuestro caso, ni las circunstancias que nos rodean, el Señor no quiere que le demos demasiada importancia a la situación que enfrentamos, aunque ésta sea muy negativa; más bien, Él desea que veamos quién es Él. La revelación hará que recobremos la vista. Con respecto al conocimiento del Señor, basta con recibir tal revelación una sola vez. Una vez que recibimos tal revelación, superamos todos los errores. Debemos percatarnos, en la presencia de Dios, de cuán grave es la situación que enfrenta la iglesia. Ante tal situación, generalmente clamamos pidiendo ayuda, pero el Señor dice que únicamente aquellos que le conocen recibirán ayuda. En cada una de estas epístolas el Señor nos dice algo con respecto a Su persona. ¿Podrá este Señor encargarse de tal situación?

Así como sucede con la iglesia, también sucede con nosotros. En circunstancias difíciles, tenemos que conocer al Señor que se levanta en contra de nuestras dificultades. Todo otro asunto es secundario. La solución a todos nuestros problemas depende de cuánto conozcamos al Señor. Hay quienes son capaces de estar sometidos a grandes presiones, mientras que otros no pueden soportar mucho. La fortaleza necesaria para enfrentar adversidades, en mayor o menor grado, depende de cuánto conozcamos al Señor. Por tanto, al comienzo de cada una de las siete epístolas, se presta especial atención a considerar quién es el Señor. Si uno no conoce al Señor, tampoco podrá conocer a la iglesia. Son muchos los que se sienten satisfechos con la condición en que se encuentra la iglesia hoy debido a que no ven. Ellos no han visto quién está sentado en el trono, ni tampoco han visto los diferentes aspectos de la gloria del Señor ni Sus virtudes. Si conocemos al Señor, descubriremos el pecado del hombre y el pecado de la iglesia. La solución a todo el problema depende de cuánto conozcamos al Señor. Aquellos que sólo conocen un poco a Dios poseen una revelación limitada de Su persona y son más tolerantes de cosas impropias. Pero todo aquel que permanezca en presencia del Señor verá que el Señor le quita toda tolerancia con respecto a aquello que no se conforma a la voluntad de Dios. Una vez que recibimos revelación en presencia del Señor, Él purga todo aquello que no es según Su voluntad. Entonces sabremos que si deseamos ser santos, obtendremos al Señor; pero que si no tenemos tal deseo, dejaremos de disfrutar comunión con Él.

Con respecto a lo que vimos sobre el contenido de las siete epístolas, debemos comprender que nuestros argumentos giran en torno al problema que representa el sistema. No debemos olvidar que todo cuanto se presenta en las siete epístolas está vinculado al propio Señor. Si conocemos al Señor, condenaremos al pueblo de Dios por andar conforme a sus propios deseos; pero si no conocemos al Señor lo suficiente, toleraremos tal conducta caprichosa. Muchas veces podemos tolerar la condición en que se encuentran los cristianos debido a que nosotros mismos no somos lo suficientemente fieles a Cristo. De hecho, no somos lo suficientemente fieles al Señor debido a que todavía no hemos recibido la revelación que nos permite conocer al Señor que condena dicha condición como pecado. ¡Oh! ¡A veces, incluso, tenemos que escoger entre servir al Señor o servir a Su pueblo!

Ya sabemos que el número siete está compuesto por los números tres y cuatro. Después de Éfeso, surgió Esmirna; y después de Esmirna, surgió Pérgamo. Estas tres iglesias conforman un grupo, pues son iglesias que ya pertenecen al pasado. Las últimas cuatro iglesias también conforman un grupo. Tiatira, Sardis, Filadelfia y Laodicea difieren de las primeras tres iglesias mencionadas. Cuando Sardis se halla presente, Tiatira también lo está; cuando Filadelfia se halla presente, Sardis también lo está; y cuando Laodicea se halla presente, Filadelfia también lo está. En otras palabras, las últimas cuatro iglesias se hallan presentes simultáneamente. Si bien no se iniciaron al mismo tiempo, ellas concluirán al mismo tiempo.

Las cuatro iglesias que existen en nuestros tiempos están llenas de significado. Cuando surgieron las iglesias protestantes, la Iglesia Católica Romana ya había estado presente por más de mil años. Cuando surgió Filadelfia, las iglesias protestantes ya habían estado presentes por más de trescientos años. Cuando surgió Laodicea, Filadelfia había estado presente por varios años. Quienes nacemos en la época actual nos encontramos con algo muy particular: hay cuatro clases de iglesias entre las que debemos elegir. Si hubiésemos nacido antes del siglo catorce o quince, no tendríamos otra alternativa que reunirnos en la Iglesia Católica Romana. Si hubiésemos nacido durante el siglo dieciocho, podríamos elegir entre pertenecer a la Iglesia Católica Romana o a las iglesias protestantes. En el siglo siguiente, en 1825, surgieron Filadelfia y los hermanos, así que tendríamos tres opciones. Después de 1840, surgió Laodicea. Hoy existen cuatro clases diferentes de iglesias. En las cuatro hay personas salvas, algunas mejores que otras. Dios ha dispuesto para nosotros una época en la que tenemos cuatro caminos entre los cuales elegir.

Pero el Señor también nos ha mostrado cuál es Su deseo. Ciertamente la Iglesia Católica Romana no responde a tal deseo; esto ya lo sabemos. No hay necesidad alguna de orar para saber si debemos ser discípulos del papa o no. Aunque esta profecía todavía se encuentra en Apocalipsis 2, ahora ya no es necesario indagar si debemos optar por ello o no. Todos los estudiosos de la Biblia saben que ya no es necesario decidir al respecto. Pero todavía subsiste cierta dificultad en cuanto al hecho de que muchos hermanos aún no se han percatado de que la disyuntiva con respecto a optar por las iglesias protestantes ha acabado. ¿Acaso el Señor desea que permanezcamos en Sardis? Extrañamente, hay todavía muchos que están satisfechos en Sardis. Pero si leemos la Palabra de Dios, el Señor nos mostrará que Él no está satisfecho con Sardis. El deseo del Señor es satisfecho únicamente por Filadelfia. En las siete epístolas que hemos examinado, únicamente Filadelfia es alabada por el Señor. En todas las otras epístolas, el Señor siempre hace alguna reprensión. El caso de Esmirna es uno de los mejores, pues ella no es reprendida, pero tampoco es elogiada. El caso de Filadelfia, sin embargo, es diferente. De principio a fin, el Señor sólo tiene palabras de elogio para ella. Entonces, tal vez nos preguntemos si debemos unirnos al movimiento de los hermanos (como si este movimiento fuese algo a lo que nos podemos "unir"). Muchos de los que forman parte de dicho movimiento ya se han convertido en Laodicea. Entonces, ¿qué debemos hacer? Laodicea también es rechazada por el Señor. Si no tenemos cuidado, en lugar de formar parte de Filadelfia, pasaremos a formar parte de Laodicea.

En la actualidad, existe una cuestión muy importante a la que los hijos de Dios deben prestar atención. En China, desde 1921, el evangelio se ha hecho cada vez más y más claro, el número de salvos ha ido aumentado, y Dios, cada vez con mayor claridad, ha hecho que dirijamos nuestra atención a las verdades concernientes a la iglesia. Comenzamos percatándonos de que la iglesia es una entidad que procede enteramente de Dios, que únicamente quienes han sido salvos pueden formar parte de ella y que las palabras que Dios puso en la Biblia son las únicas que deben ser obedecidas por la iglesia. Durante ese tiempo, ninguno de nosotros había escuchado acerca del movimiento de los hermanos. Recién a partir de 1927 comenzamos a recibir información sobre tal clase de obra en el exterior. Por medio de la literatura que recibíamos continuamente, supimos que este gran movimiento llegaba a todos los confines del mundo. Ciertamente, de manera similar, la Reforma también fue un gran movimiento. Mas, por otro lado, pudimos percibir que muchos de ellos habían asumido posturas que corresponden a Laodicea. En aquel tiempo nos planteamos la siguiente pregunta: ¿Qué dice la Biblia? ¿Deben acaso los hijos de Dios unirse a un movimiento? La unidad de los cristianos debe ser en Cristo, no en un movimiento. Así que, dedicamos más tiempo a estudiar la Biblia al respecto. A raíz de ello, ha quedado cada vez más claro para nosotros que *aquello que excede los límites de la localidad no es la iglesia, y que aquello que es más reducido que la localidad tampoco es la iglesia.*

En esta era, Dios nos muestra cuatro iglesias diferentes. Podemos describirlas así: la Iglesia Católica Romana, las iglesias protestantes, los hermanos que se aman mutuamente y la Asamblea de los Hermanos. La cuarta, la Asamblea de los Hermanos, se ha degradado convirtiéndose en Laodicea. En cuanto concierne a dicho grupo, éste constituye una división. A cierto hermano perteneciente a dicho grupo le pregunté una vez: "¿Te parece que soy un hermano tuyo?". Él me respondió: "Sí, pero en 'tu' entorno todavía existen...". De inmediato le repliqué: "Entonces, ¿qué eres 'tú'? ¿Acaso no basta con que yo sea un hermano? Todos los que han sido redimidos por la sangre de Cristo forman parte de 'nosotros'". Siempre y cuando haya un hermano verdaderamente salvo en la ciudad de Chongqing al cual la iglesia en Chongqing no reconozca como tal, ello hará que la iglesia en Chongqing se convierta en una división. Una división exige de las personas algo adicional al mero hecho de ser hermanos para reconocerlas como tales. Aun cuando ellos no se llamen a sí mismos "La Asamblea de los Hermanos", entre ellos todavía hay límites invisibles que los separan de los demás.

¿Qué clase de personas son las que hoy conforman Filadelfia? En cualquier lugar puede haber una iglesia que sea Filadelfia, o que no lo sea; de hecho, yo no podría decir qué iglesia es Filadelfia y qué iglesia no lo es. Quizás la iglesia en Chongqing es Filadelfia y la iglesia en Kunming no lo sea. Quizás la iglesia en Chengdu sea Filadelfia y la iglesia en Lanzhou no lo sea. Hoy en día, éste es un problema que atañe a cada localidad, de la misma manera que las siete epístolas estaban dirigidas a determinadas localidades. Tenemos que rechazar la Iglesia Católica Romana y tenemos que dejar las iglesias protestantes. Por un lado, ciertamente debemos rechazar estos dos grupos; pero, por otro, debemos preguntarnos: ¿somos Filadelfia o Laodicea? Es fácil abandonar la Iglesia Católica Romana y también es relativamente fácil dejar las iglesias protestantes; todo lo que necesitamos hacer es presentar nuestra carta de renuncia y salir de allí. Pero todavía queda por saberse si somos Filadelfia o no. Ello depende de si hemos salido por la puerta trasera o no. Es decir, si bien es cierto que Filadelfia no puede volver a ser Sardis, ella puede degradarse y convertirse en Laodicea. Las críticas que el Señor le hizo a Laodicea son mucho más severas que las que le hizo a Sardis. El Señor quiere que aprendamos a exaltar Su nombre, porque donde haya dos o tres congregados en el nombre del Señor, Él estará en medio de ellos. Pero jamás debemos exaltarnos a nosotros mismos. Todo aquel que se jacte de ser Filadelfia habrá dejado de tener el testimonio de Filadelfia.

Hoy, si usted ha dejado las denominaciones y ha visto la iglesia, entonces la única norma que usted puede adoptar es la Palabra de Dios. Considere a un hermano que acaba de nacer de nuevo; ¿podría usted afirmar que él no es su hermano? Él es un hermano independientemente de si entiende o no claramente la verdad. Si él permanece en su casa, es mi hermano, y si cae en la zanja que hay en la calle, todavía sigue siendo mi hermano. Si ello genera algún conflicto, sólo puedo culpar a mi Padre por haber regenerado a dicha persona. La característica distintiva de Filadelfia es el amor fraternal: en la actualidad, ésta es la única senda por la que podemos andar. Jamás debiéramos manifestar otra clase de actitud según la cual amamos a todos los hermanos que están claros con respecto a la verdad y que son afables, pero nos rehusamos a amar a quienes no son afables. Si alguien entiende la verdad o no, es algo que no nos atañe. Jamás debiéramos decir: "Tú eres un rebelde". Lo que quizás veamos este año, no lo veíamos el año pasado. Al igual, tal vez el próximo año ese hermano también vea lo que nosotros conseguimos ver este año. Cuando lea la Biblia, él también será iluminado por el Señor. Dios tiene un corazón muy grande y amplio, así que nosotros también debemos ser de corazón amplio y generoso. Nuestro corazón tiene que ser ensanchado hasta incluir a todos los hijos de Dios. Siempre que decimos "nosotros" y, sin embargo, no incluimos a todos los hijos de Dios, nos convertimos en la más grande de las divisiones, pues no estamos basándonos en la posición de quienes aman a los hermanos, sino que nos estamos exaltando a nosotros mismos. El camino de Filadelfia es el camino por el cual debemos andar. La dificultad estriba en el hecho de que Filadelfia incluye a todos los hermanos, pero algunos no tienen la capacidad de incluir a tantos.

Permítanme darles un ejemplo. Antes de que se iniciase la guerra con Japón, yo fui a Kunming. Allí había un hermano de la iglesia ________ que quería hablar conmigo. Era un hermano muy bueno. Cuando me vio, me dijo: "¿Recuerda usted que le hice una pregunta en Shanghai? Usted todavía no me ha respondido con respecto a cómo podemos cooperar". Yo le dije: "Hermano, usted pertenece a la iglesia ________, en la cual yo no tengo parte". Él me respondió: "Es cierto, pero ello no debiera preocuparle. Lo que quiero decir es que nosotros podríamos cooperar con ustedes de la mejor manera y delante del Señor". Le dije: "Yo pertenezco a una iglesia a la cual Pablo pertenece, Pedro pertenece, al igual que el apóstol Juan, Martín Lutero, John Wesley, Hudson Taylor, e incluso usted pertenece. Esta iglesia es tan grande que todos cuantos se hallan en Cristo pertenecen a ella, ya sean grandes o pequeños. Pero entre usted y yo hay una diferencia. Yo sólo edifico una iglesia, mientras que usted desea edificar dos iglesias. Mi labor es única y exclusivamente la iglesia de Cristo y no la iglesia _______ para la cual usted labora. Si usted tuviese como objetivo edificar la iglesia de Cristo y no la iglesia _______, entonces ciertamente podríamos cooperar". Hermanos y hermanas, ¿se percatan de esta diferencia? El amor de ese hermano no era lo suficientemente amplio. Él estaba procurando edificar la iglesia de Cristo al interior de la iglesia _______; así pues, él está edificando dos iglesias. Después que le hablé así, él reconoció que esa fue la primera vez que se daba cuenta de estas cosas; luego de lo cual, tomándome del brazo, me dijo que él esperaba que esta pregunta no volvería a plantearse.

El amor fraternal implica que tenemos que amar a todos los hermanos. Si alguno muestra ciertas flaquezas, eso no tiene relación con este asunto. Yo digo que todos los hijos de Dios tienen que ser bautizados por inmersión, pero no puedo decir que aquel que no se bautiza por inmersión no es mi hermano, pues él ha sido regenerado ya sea que se bautice por inmersión o no. Tal vez hasta podríamos llegar a pensar que regenerar a tal persona ha sido un error mayúsculo, pero es mi Padre quien lo ha regenerado (que el Señor me perdone por hablar así). Ciertamente, si tenemos oportunidad, tenemos que leer la Biblia con dicho hermano para hacerle ver que el eunuco y Felipe "descendieron ambos al agua", y que el propio Señor Jesús después que fue bautizado "subió del agua" (Hch. 8:36-38; Mt. 3:16). Según la Biblia, el bautismo consiste en que la persona descienda al agua y luego salga del agua, y no que sólo dos dedos bajen y suban. Pero no podemos decir que tal persona no es nuestro hermano debido a que no ha hecho esto. La vida divina, y no el bautismo, es el fundamento en que nos basamos para afirmar que alguien es nuestro hermano. Aunque creemos que lo correcto es bautizarse por inmersión, no somos la Iglesia Bautista. Nuestra comunión se basa en la sangre de Cristo y en la vida del Espíritu Santo; no se basa en el conocimiento, ni siquiera en el conocimiento bíblico. La única pregunta es si uno tiene la vida de Dios o no. Si él ha sido regenerado, es un hermano. Amarse unos a otros no es otra cosa que mantener esta postura. Siempre que introducimos otras cosas y otros requisitos, nos convertimos en una división. Consideren el partimiento del pan. Pablo, un nuevo creyente, llega a cierto lugar; alguien lo llevó allí, y él verdaderamente tiene un testimonio. Todos saben que él es un hermano; por tanto, pueden partir el pan juntos. En ningún momento existe la necesidad de satisfacer una segunda exigencia. ¿Cree él que la gran tribulación durará siete años? ¿Qué piensa del arrebatamiento: será total o parcial? Si hacemos tales preguntas, estamos equivocados. Si únicamente amamos a los hermanos que son iguales a nosotros, somos sectarios, y esto es contrario al testimonio del amor fraternal. Damos gracias a Dios que todos somos hermanos. Todo aquel que ha sido redimido por la sangre preciosa de Cristo es un hermano. Si en nosotros surge algo distinto, debe ser a causa de nuestro orgullo personal. Hay quienes afirman: "Únicamente nosotros estamos en lo correcto; todos ustedes, hermanos, están equivocados". Pero el pan que partimos debe incluir tanto a todos los hermanos que están en lo correcto, como a todos los hermanos que están equivocados.

Si en usted alienta el deseo de seguir al Señor de esta manera, y si usted desea amar a todos los hermanos, ello no significa que todos los hermanos lo amarán a usted igual. Debe percatarse de ello. Sardis salió de Tiatira. Aunque Sardis cumplió la voluntad del Señor al hacer esto, era inevitable que ella fuese aborrecida por Roma. Asimismo, puesto que Filadelfia surgió de Sardis, las denominaciones se opondrán a Filadelfia. Debido a que las denominaciones tienen que defender su organización, ellos dirán que usted actúa de esta manera porque no ama a todos los hermanos. Según la perspectiva de ellos, amar a todos los hermanos es equivalente a amar a Sardis, como si amar a los hermanos y amar a las denominaciones fuesen la misma cosa. Aquellos que tienen motivos para mantener las denominaciones, criticarán su amor y dirán que dicho amor es defectuoso, debido a que usted no contribuye a la prosperidad de la denominación de ellos. Pero usted tiene que tener esto bien en claro: amar a los hermanos y amar a las denominaciones en donde se encuentran estos hermanos, son dos cosas muy diferentes.

Además, tenemos que comprender que nuestro amor por toda la iglesia, simplemente se basa en si uno es un hermano o no; si uno es hermano, le amamos. En esto consiste amar a los hermanos. Si únicamente amamos a un grupo de hermanos, entonces sólo estamos amando a los hermanos que están dentro de nuestro círculo. Esta clase de amor por los hermanos en realidad no es el amor fraternal, sino el amor que causa división. Si no abandonamos nuestro amor por una división, no podremos amar a todos los hermanos. El amor por una división no solamente es algo incorrecto, sino que nos conduce al error. El amor por una división, el amor sectario, es el impedimento más grande para amar a todos los hermanos. A menos que un hombre se deshaga del amor por una división, no podrá amar a todos los hermanos. Sin embargo, un hermano que ama a todos los hermanos debido a que no siente el menor afecto por división alguna, será acusado por aquellos de no manifestar amor. Esto es bastante común y no debiera sorprendernos.

Debemos mencionar otro aspecto más. En estas epístolas, siete veces se hace mención de que hay que vencer. El Señor le dice a Éfeso: "Arrepiéntete". Allí, vencer depende de que nos percatemos de la pérdida de nuestro primer amor. En el caso de Esmirna, vencer estriba en lo que el Señor dijo: "Sé fiel hasta la muerte, y Yo te daré la corona de la vida". En Pérgamo, el Señor se opone a las enseñanzas de Balaam y de los nicolaítas; por tanto, todo aquel que rechace las enseñanzas de Balaam y de los nicolaítas, es un vencedor. En Tiatira todavía subsisten aquellos que se rehúsan a seguir las enseñanzas de Jezabel. El Señor les dijo a ellos: "Pero lo que tenéis, retenedlo hasta que Yo venga". En esto consiste vencer. El Señor no les exige que se conviertan en otro Martín Lutero. En Sardis hay unas pocas personas que son vivientes. Si bien ninguna de sus obras fue completa, el Señor le dijo a Sardis que todo aquel que viste vestiduras blancas será un vencedor. A Filadelfia, aun cuando sufre pruebas y tribulaciones, es notorio que el Señor le dice que retenga lo que tiene, pues ella ya venció. En cuanto a Laodicea, no es suficiente con haber aprehendido el aspecto objetivo de las verdades, pues su andar con el Señor tiene que ser una experiencia personal y subjetiva. En todos los casos, vencer está referido a las diferencias que existen entre los hijos de Dios. Las promesas para aquellos que venzan son dadas a las iglesias; por tanto, hay dos categorías de personas en las iglesias: aquellos que vencen y los que son derrotados. El aspecto determinante es que Dios tiene un plan, una norma. Todo aquel que logre alcanzar la norma fijada por Dios, es un vencedor; y todo el que no se conforme a dicha norma, no es un vencedor. Así pues, un vencedor es aquel que simplemente hace lo que debe hacer. Muchos tienen un concepto equivocado al respecto, pues piensan que vencer significa ser especialmente buenos. Pero debemos recordar que vencer es el requerimiento mínimo; es decir, vencer no equivale a estar por encima de la norma fijada, sino conformarse a la norma establecida. Si usted se conforma a dicha norma, es un vencedor. Ser derrotado significa que usted no pudo conformarse al plan de Dios y que su condición está por debajo de lo normal.

No sé como usted se sienta al respecto, pero hoy hay algo que me causa gran alegría: Dios no hizo que yo naciera en la época de Tiatira, un período de casi mil cuatrocientos años, ni tampoco hizo que yo naciera en la época de Sardis. Hemos nacido en esta era, la era de Filadelfia, que apenas tiene poco más de cien años. El Señor hizo que naciéramos en esta era a fin de que seamos Filadelfia. Hoy en día hay muchos vencedores en Laodicea, pero ellos son solamente vencedores en Laodicea. Por todo ello, podemos afirmar que en toda la historia de la iglesia nadie ha tenido una oportunidad tan preciosa como la que tenemos nosotros.

"Al que venza, Yo lo haré columna en el templo de Mi Dios, y nunca más saldrá de allí" (Ap. 3:12). Tenemos que fijarnos en la expresión "nunca más", la cual nos da a entender que anteriormente salimos al menos una vez. Entre los hermanos, ocho de cada diez han salido alguna vez. A mí me parece que la promesa del Señor aquí es maravillosa. Si una columna del templo de Dios vuelve a salir, el templo se desplomará. Los siguientes tres nombres son muy especiales: "el nombre de Mi Dios, y el nombre de la ciudad de Mi Dios, la Nueva

Jerusalén ... y Mi nombre nuevo". ¿Cuál es el significado de un nombre? Un nombre encierra gran significado. El nombre de Dios representa la gloria de Dios. Además de Filadelfia, ninguna otra iglesia ha recibido la gloria de Dios. El nombre de la ciudad de Dios es la Nueva Jerusalén. En otras palabras, Filadelfia lleva a cabo el plan de Dios. *"Mi nombre nuevo."* Cuando el Señor Jesús ascendió a los cielos, Él recibió un nombre nuevo, un nombre que es sobre todo nombre (Fil. 2:9-11). Aquí el Señor nos revela que de entre todas las iglesias, Él se fija especialmente en una: Filadelfia. Hoy en día podemos agradecer a Dios por haber nacido en una era en la que podemos ser Filadelfia. Si bien nacimos en una era en la cual la condición en la que se encuentra la iglesia es en extremo confusa, aún podemos ser, gracias a Dios, aquellos que conforman Filadelfia.

Finalmente, por favor recuerden que el Señor repite estas mismas palabras siete veces a cada una de las siete iglesias: *"El que tiene oído, oiga lo que el Espíritu dice a las iglesias"* (Ap. 3:22). Tenemos que prestar atención a estas palabras. Los ojos del Señor no solamente están puestos en estas siete iglesias, sino también en todas las iglesias del mundo entero, las del pasado y las del presente, las de aquí y las del extranjero. Lo que el Señor dice, Él se lo dice a todas las iglesias. Es probable que la carencia que encontramos en tiempos de Éfeso también ocurra en la Filadelfia de hoy. Si bien el tiempo de Esmirna ha pasado, es probable que en el presente vuelva a suceder lo ocurrido con ella. Es posible, pues, que en una iglesia se presenten las condiciones que hemos detectado en todas las siete iglesias. La iglesia es una entidad más bien compleja. Todas las condiciones especiales que hemos descrito no son sino las condiciones más notorias en ciertos períodos de tiempo. Es, pues, posible que todas estas condiciones sean halladas, en mayor o menor medida, en las siete iglesias simultáneamente.

El Señor dice: *"El que tiene oído, oiga lo que el Espíritu dice a las iglesias"*. Dos personas se encontraban andando por una calle muy concurrida, y una dijo: "¡Espera! ¡Oigo unos grillos por aquí!". A lo cual su amigo, sorprendido, replicó: "¡No puede ser! El ruido del tráfico es tan intenso que apenas podemos escucharnos el uno al otro, ¿y tú me dices que puedes oír el canto de unos grillos?”. Pero él se acercó a una de las paredes cercanas y le dijo a su amigo que viniera a escuchar; para sorpresa de éste, al acercarse, ¡allí estaba el grillo! Entonces, le preguntó su amigo cómo pudo distinguir el canto de este grillo en una calle tan bulliciosa. Él le replicó: “Los banqueros sólo tienen oídos para el tintineo de las monedas, y los músicos saben distinguir el sonido de los diversos instrumentos. Yo soy entomólogo de profesión, y sólo tengo oídos para los insectos”. El Señor nos dice que aquel que tenga oídos para escuchar las palabras del Señor, ¡oiga! Hay muchos que no tienen oídos para la palabra de Dios y, por ende, no oyen. Pero si nosotros tenemos oídos para Su palabra, ¡debemos prestar atención a estas palabras! Pidámosle a Dios que nos conceda la gracia de andar en el camino recto. Cualquiera que sea la situación, y sin importar lo que suceda, tenemos que optar por el camino de Filadelfia.

OTROS LIBROS PUBLICADOS POR

Living Stream Ministry

Títulos por Witness Lee:

Título	ISBN
La experiencia de vida	978-0-87083-632-9
El conocimiento de la vida	978-0-87083-917-7
El árbol de la vida	978-1-57593-813-4
La economía de Dios	978-0-87083-536-0
La economía divina	978-0-87083-443-1
La economía neotestamentaria de Dios	978-0-87083-252-9
Cristo es contrario a la religión	978-0-7363-1012-3
El Cristo todo-inclusivo	978-0-87083-626-8
La revelación básica contenida en las santas Escrituras	978-1-57593-323-8
La revelación crucial de la vida hallada en las Escrituras	978-1-57593-811-0
El Espíritu con nuestro espíritu	978-0-7363-0259-3
La expresión práctica de la iglesia	978-0-87083-905-4
La especialidad, la generalidad y el sentido práctico de la vida de iglesia	978-0-87083-123-2
La carne y el espíritu	978-0-87083-793-7
Nuestro espíritu humano	978-0-87083-259-8
La autobiografía de una persona que vive en el espíritu	978-0-7263-1126-7
La preciosa sangre de Cristo (folleto)	978-0-7363-0228-9
La certeza, seguridad y gozo de la salvación (folleto)	978-0-7363-0991-2
Los vencedores	978-0-87083-724-1

Títulos por Watchman Nee:

Título	ISBN
Cómo estudiar la Biblia	978-0-7363-0539-6
Los vencedores que Dios busca	978-0-7363-0651-5
El nuevo pacto	978-0-7363-0064-3
El hombre espiritual	978-0-7363-0699-7
La autoridad y la sumisión	978-0-7363-0987-5
La vida que vence	978-1-57593-909-4
La iglesia gloriosa	978-0-87083-971-9
El ministerio de oración de la iglesia	978-1-57593-908-7
El quebrantamiento del hombre exterior y la liberación del espíritu	978-1-57593-380-1
El misterio de Cristo	978-1-57593-395-5
El Dios de Abraham, de Isaac y de Jacob	978-1-57593-377-1
El cantar de los cantares	978-1-57593-956-8
El evangelio de Dios (2 tomos)	978-1-57593-940-7
La vida cristiana normal de la iglesia	978-0-87083-495-0
El carácter del obrero del Señor	978-0-7363-3278-1
La fe cristiana normal	978-0-87083-779-1

Disponibles en

librerías cristianas o en Living Stream Ministry

2431 W. La Palma Ave. • Anaheim CA 92801

1-800-549-5164 • www.livingstream.com